기쁨의 여정

JOURNEY OF JOY

기쁨의 여정

엘렌 로스 지음

A LIFETIME OF INTIMACY
WITH GOD

규장

이 책은 엘렌 로스 사모가 2018년 1월과 6월에 했던 인터뷰를 토대로 직접 수정하고
집필한 것입니다. 국민일보 '역경의 열매(오대원 목사 편)'도 참조했습니다.

나의 아내, 엘렌

엘렌은 매우 긍정적인 사람입니다. 그녀가 긍정적이지 않았다면 나는 직장생활 하듯 사역을 했을지도 모릅니다. 그러면 나 혼자만의 사역이 되었을 겁니다. 나는 '우리의 사역'을 한 번도 '나의 사역'이라고 생각해본 적이 없습니다.

모든 일에 긍정적인 아내 덕분에 즐겁게 사역할 수 있었습니다. 그로 인해 내 생각보다 더 큰 은혜를 누렸지요. 아내와 함께한 모든 시간과 일을 생각하면 정말 감사할 뿐입니다. 엘렌이 여자 모세라면, 나는 아론일 것입니다. 언제나 긍정적인 태도로 사람과 일을 대하는 엘렌을 나는 마음 깊이 존경합니다.

나는 엘렌 없이는 못 사는 사람입니다. 아내는 마치 '사랑의 반창고' 같아요. 항상 마음을 열고 나를 받아주고 이해하려고 노력하며 감싸주지요.

엘렌은 사역을 위해 많은 부분을 희생했습니다. 우리가 맨 처음 한국에 왔을 때, 선교부에서 주는 좀 더 안락한 집 대신 작고 불편한 집에서 살았습니다. 논밭으로 둘러싸인 작은 집에는 방과 마루, 부엌, 변소가 있었지요. 그래도 아내는 아무 불평 없이 잘 지내줬어요.

또 나는 너무 바빠서 애들을 제대로 봐주지 못했습니다. 그래도 엘렌이 집안을 잘 돌봐주어서 사역에 집중할 수 있었어요. 아내는 아이들을 넘치도록 사랑하고 포용해주었습니다. 안 좋은 일을 해도 껴안아주고, 애들을 믿어주었지요. 나는 아이들을 의심할 때도 있었지만 아내는 늘 믿어줬습니다.

60년간 선교사로 살면서 힘든 일이 많았는데, 엘렌은 늘 없었다고 말해요. 오히려 내가 힘들어했지요. 나는 부족한 사람이기에 회개를 많이 합니다. 그래서 매일 '예수 기도'를 하지요.

"주 예수 그리스도 하나님의 아들이시여, 죄인 된 저를 불쌍히 여기소서."

예전에는 이것이 부정적인 기도인 줄 알았는데, 오히려 더욱 주님 품으로 들어갈 수 있는 기도임을 알게 되었어요. 이 기도를 하다 보면 모든 죄를 덮어주시고 치유하시며 살 수 있게 해주시는 예수님만 바라보게 됩니다. 우리 부부는 늘 함께 기도하며 예수 그리스도께 초점을 맞춥니다.

우리는 아직 사역을 그만둘 계획이 없습니다. 왜냐하면 사역은 단순히 직업이 아니라 주님 안에서, 성령의 능력 안에서 살아가며 사람들을 축복하는 것임을 알기 때문입니다. 우리는 하나님 아버지의 뜻을 행함으로 진정한 자양분을 얻는 것을 배웠습니다. 그분의 말씀이 매일 우리를 먹이시므로 우리도 다른 이들을 먹일 수 있습니다.

우리 부부에게는 우리를 사랑하고 또 우리가 사랑하는, 세 명의 자녀와 일곱 명의 손자 손녀가 있습니다. 함께 살아왔고, 가장 큰 축복이 되는 가족이지요. 엘렌은 우리 가족의 '심장박동' 소리와도 같습니다.

오랫동안 우리는 공동체 안에서 서로를 책임지는 관계로 살아왔어요. 그리고 성령의 인도하심을 의지하는 이들과 함께 삶과 사명을 나누었습니다.

지금 우리에게는 하나의 소망이 있습니다. 그건 바로 하나님께서 우리 안에 시작하신 모든 일과 코리아(남한과 북한)를 오직 그분의 영광을 위해 온전함 가운데로 이끄시게 하는 것입니다.

오대원(데이빗 로스) 목사

나는 엘렌 없이는 못 사는 사람입니다.
아내는 마치 '사랑의 반창고' 같아요.
항상 마음을 열고 나를 받아주고
이해하려고 노력하며 감싸주지요.

모든 순간이 기쁨인 삶

책을 내기 전에 여러 상황이 생기자 '출간을 해도 될까?' 하는 마음이 들었습니다. 그런데 하나님께서 내가 좋아하는 성경말씀을 통해 책을 내야 하는 이유를 알게 하셨지요.

예수님이 부활하신 후, 하늘로 올라가시기 전에 제자들과 만나셨습니다. 불을 준비하셔서 생선을 구워주셨지요. 요즘으로 얘기하면 바비큐를 해주신 거예요. 그리고 난 후에 베드로와 대화하셨어요.

"내 양을 먹이라."

이 말씀이 생각나자, 이 책에 대한 말씀인 줄 깨달았습니다. 예수님의 양들을 위해 내게 주어진 특별한 기회라는 생각도 들었지요.

데이빗과 나는 대학교 1학년 때 친구로 만났어요. 결혼한 다음에도 같이 공부했고요. 나는 기독교교육을 공부했고, 남편은 신학대학원에 다녔어요. 하나님께서 계속 같은 길로 갈 수 있게 해주셨지요. 아마 '하나 됨'을 위해서였던 것 같아요. 우리는 어려움도 같이 겪었고, 성경공부와 예수전도단 사역도 같이 시작했지요.

하나님께서는 한번도 나를 외롭게 하시거나 혼자 사역하는 것처럼 느끼게 하지 않으셨어요. 남편은 어디든 다녀오면 항상 얘기를 해주었고요. 우리는 '속사람'을 항상 보여주는 관계예요. 하나님께서 내게 어떤 남편이 필요한지 정확히 아신 것 같아요. 한번도 그와 결혼한 것을 후회한 적이 없거든요. 그래서 항상 감사하지요.

내 일생에 제일 중요한 말씀은 요한복음 17장입니다. 주기도문이 제자들을 위해 가르쳐주신 기도라면, 요한복음 17장은 예수님 자신의 기도지요.

예수께서 이 말씀을 하시고 눈을 들어 하늘을 우러러 이르시되 아버지여 때가 이르렀사오니 아들을 영화롭게 하사 아들로 아버지를 영화롭게 하게 하옵소서 아버지께서 아들에게 주신 모든 사람에게 영생을 주게 하시려고 만민을 다스리는 권세를 아들에게 주셨음이로소이다 영생은 곧 유일하신 참 하나님과 그가 보내신 자 예수 그리스도를 아는 것이니이다 아버지께서 내게 하라고 주신 일을 내가 이루어 아버지를 이 세상에서 영화롭게 하였사오니 아버지여 창세 전에 내가 아버지와 함께 가졌던 영화로써 지금도 아버지와 함께 나를 영화롭게 하옵소서 세상 중에서 내게 주신 사람들에게 내가 아버지의 이름을 나타내었나이다 그들은 아버지의 것이었는데 내게 주셨으며 그들은 아버지의 말씀을 지키었나이다 지금 그들은 아버지께서 내게 주신 것이 다 아버지로부터 온 것인 줄 알았나이다 나는 아버지께서 내게 주신 말씀들을 그들에게 주었사오며 그들은 이것을 받고 내가 아버지께로부터 나온 줄을 참으로 아오며 아버지께서 나를 보내신 줄도 믿었사옵나이다

내가 그들을 위하여 비옵나니 내가 비옵는 것은 세상을 위함이 아니요 내게 주신 자들을 위함이니이다 그들은 아버지의 것이로소이다 내 것은 다 아버지의 것이요 아버지의 것은 내 것이온데 내가 그들로 말미암아 영광을 받았나이다 나는 세상에 더 있지 아니하오나 그들은 세상에 있사옵고 나는 아버지께로 가옵나니 거룩하신 아버지여 내게 주신 아버지의 이름으로 그들을 보전하사 우리와 같이 그들도 하나가 되게 하옵소서 내가 그들과 함께 있을 때에 내게 주신 아버지의 이름으로 그들을 보전하고 지키었나이다 그 중의 하나도 멸망하지 않고 다만 멸망의 자식뿐이오니 이는 성경을 응하게 함이니이다 지금 내가 아버지께로 가오니 내가 세상에서 이 말을 하옵는 것은 그들로 내 기쁨을 그들 안에 충만히 가지게 하려 함이니

이다 내가 아버지의 말씀을 그들에게 주었사오매 세상이 그들을 미워하였사오니 이는 내가 세상에 속하지 아니함같이 그들도 세상에 속하지 아니함으로 인함이니이다 내가 비옵는 것은 그들을 세상에서 데려가시기를 위함이 아니요 다만 악에 빠지지 않게 보전하시기를 위함이니이다 내가 세상에 속하지 아니함같이 그들도 세상에 속하지 아니하였사옵나이다 그들을 진리로 거룩하게 하옵소서 아버지의 말씀은 진리니이다 아버지께서 나를 세상에 보내신 것같이 나도 그들을 세상에 보내었고 또 그들을 위하여 내가 나를 거룩하게 하오니 이는 그들도 진리로 거룩함을 얻게 하려 함이니이다

내가 비옵는 것은 이 사람들만 위함이 아니요 또 그들의 말로 말미암아 나를 믿는 사람들도 위함이니 아버지여, 아버지께서 내 안에, 내가 아버지 안에 있는 것같이 그들도 다 하나가 되어 우리 안에 있게 하사 세상으로 아버지께서 나를 보내신 것을 믿게 하옵소서 내게 주신 영광을 내가 그들에게 주었사오니 이는 우리가 하나가 된 것같이 그들도 하나가 되게 하려 함이니이다 곧 내가 그들 안에 있고 아버지께서 내 안에 계시어 그들로 온전함을 이루어 하나가 되게 하려 함은 아버지께서 나를 보내신 것과 또 나를 사랑하심같이 그들도 사랑하신 것을 세상으로 알게 하려 함이로소이다 아버지여 내게 주신 자도 나 있는 곳에 나와 함께 있어 아버지께서 창세 전부터 나를 사랑하시므로 내게 주신 나의 영광을 그들로 보게 하시기를 원하옵나이다 의로우신 아버지여 세상이 아버지를 알지 못하여

도 나는 아버지를 알았사옵고 그들도 아버지께서 나를 보내신 줄 알았사옵나이다 내가 아버지의 이름을 그들에게 알게 하였고 또 알게 하리니 이는 나를 사랑하신 사랑이 그들 안에 있고 나도 그들 안에 있게 하려 함이니이다

요 17:1-26

예수님이 십자가를 지신 일은 굉장히 중요합니다. 인간에게 그렇게 어려운 일은 없을 거예요. 예수님은 우리를 위해서 십자가를 지셨지요. 그만큼 큰 희생은 없을 겁니다.

그런데 가만히 생각해보면 십자가에서의 기도는 예수님 자신만을 위한 것이 아니었어요. 옆에 달린 강도들을 위해서도 기도하셨지요. 예수님은 그 절박한 순간에도 옆에 있는 두 사람에게 관심을 가지셨어요.

그분은 늘 가까운 사람들을 중요하게 보신 것 같아요. 그래서 십자가 위에서도 두 사람에게 기회를 주셨지요. 한 사람은 거부했지만 한 사람은 복음을 듣고 받아들여 영생을 얻었어요.

예수님과 제자들의 마지막 식사 자리에는 예수님을 판 유다도 아무 일 없다는 듯이 앉아있었어요. 그런데 요한복음 13장을 자세히 보면 그 자리에서 식사뿐 아니라 성만찬도 같이 했더라고요. 어쩌면 예수님이 요한에게 조용히 말씀하

셨을지도 몰라요.

"저기 같이 먹고 있는 유다가 날 팔아넘길 자이다."

그러고 나서 예수님은 유다에게 공개적으로 "네가 하는 일을 속히 하라"라고 하셨지요. 그런데 제자들은 잘못 알아들었어요. 오히려 예수님이 그에게 무슨 일을 시키신 줄 알았지요. 성경은 유다가 나갈 때를 가리켜 "곧 나가니 밤이러라"(and it was night, 요 13:30)라고 했어요. 몇 시인지는 중요하지 않아요. 어두움을 나타낸 것이지요.

한번은 재미있는 일이 있었어요. 한국으로 오는 비행기에서 성경을 읽다가 요한복음 17장 3절에 밑줄을 긋고 있는데, 한 스튜어디스가 내 옆을 지나다 멈춰 서서 말했어요.

"저를 위해서 말씀을 주실 수 있나요?"

너무 신기하고 특별한 느낌을 받았어요. 나는 비행기를 탈 때마다 항상 성경을 읽지는 않아요. 영화를 보거나 다른 일을 할 때도 있지요. 마침 그날 성경을 읽었던 거고요. 나는 그녀에게 요한복음 17장 3절 말씀을 읽어주었어요.

"영생은 곧 유일하신 참 하나님과 그가 보내신 자 예수 그리스도를 아는 것이니이다"(요 17:3).

나는 예수님을 닮고 싶습니다. 내게 맡겨주신 단 한 사람에게 관심을 갖고, 그가 필요한 순간 함께해주는 사람이 되고 싶어요. 이 책도 그렇게 사용되길 바랍니다.

나는 이 책이 코리아의 내 친구들, 특별히 한반도에 하나님의 축복이 임하도록 기도하는 이들에게 축복이 되기를 바라요. 하나님의 평화와 성령의 부어지심이 사랑과 능력 안에서 이 땅에 있기를 기도합니다. 신약에 기록된 초대 안디옥 교회처럼 우리가 함께 세상에 영향력을 끼치기를 간구합니다.

이 책의 출간을 위해 수고해준 박현숙, 김은희(제인) 자매님과 함께 일한 것은 내 삶의 가장 즐겁고 축복된 경험 중의 하나였어요. 그들의 사랑과 전문성과 통찰력과 인내심은 큰 축복이었지요. 이 책의 출간을 위해 사랑과 섬김으로 수고하신 분들이 많습니다. 특히 규장출판사에 감사를 드립니다.

하나님의 축복이 이 책을 읽는 모든 분에게 임하기를 기도합니다. 주께서 그의 얼굴빛을 비추시고, 날마다 기쁨의 여정을 걷는 여러분께 평화 주시기를!

예수님 사랑 안에서,

엘렌 로스

추천의 글

프롤로그

PART 1

우리와
함께하신
하나님

- 종신 선교사로의 부르심 · 21
- 한국을 품다 · 27
- 낯설지만 행복한 시작 · 34
- 오대원과 오성애로 살다 · 47
- 파도 아래로 온몸 던지기 · 53
- 대학생 사역의 시작 · 61

PART 2

사역과
함께하신
하나님

- 성령세례와 예수전도단의 시작 · 73
- 화요일의 기적 · 84
- 국제 YWAM과의 연합 · 98
- 추방, 또 다른 사역의 시작 · 108
- 고난이 은혜로 변하다 · 115

PART 3

가정과
함께하신
하나님

사랑 넘치는 가정의 둘째 딸 · 131

부부 선교사로 살기 · 144

60년 차 부부의 행복 비결 · 157

나이 들수록 더 가까워지는 부부 · 171

부모는 자녀의 상담자 · 180

사역자의 재정 관리 · 196

PART 4

비전과
함께하신
하나님

북한 사역에 대해 · 205

통일 준비에 대해 · 215

에필로그

Journey of Joy

: A Lifetime of Intimacy with God

Part 1

우리와
함께하신
하나님

종신 선교사로의
부르심

데이빗(오대원) 목사님은 어떻게 만나셨어요?

우리는 대학 1학년 때 선교동호회(Missionary Society)에서 만났어요. 선교에 관심을 둔 사람들이 선교지에 대해 연구하고 중보기도 하는 모임이었지요.

우리 학교에는 아카펠라 찬양대가 있었어요. 우리는 찬양대 활동을 함께했지요. 외부 초청이 들어올 때면 버스를 타고 이동했고, 나는 그의 옆자리에 앉았어요. 따뜻한 차 안에서 졸리면 그의 어깨에 머리를 기대고 졸곤 했지요. 당시 나는 데이빗을 친구처럼 생각했는데, 그는 좀 다르게 생각했던 것 같아요.

그때의 에피소드를 들려주세요.

데이빗이 충격을 받은 사건이 있었지요. 지역 신문에 내가 약
혼을 했다는 기사가 난 거예요. 당시 우리 아버지가 장로교
대학에서 성경을 가르치고 계셨어요. 나는 아버지의 강의를
듣고 싶어서 2학년 봄 학기만 장로교대학으로 옮겨서 수강
했어요.

마침 뉴욕의 육군사관학교 졸업반인 사촌 오빠가 졸업 파
티에 나를 초대했지요. 사촌 오빠의 동기 중에 여자 친구가
없는 사람이 있어서 나를 부른 거였어요.

그런데 그 학교 졸업식에는 졸업생에게 주는 큰 상이 두 가
지 있었어요. 옥스퍼드대학에 진학할 수 있는 장학금이 주어
지는 성적 우수상과 아이젠하워 대통령, 맥아더 장군이 받은
세이어 상(Thayer Award)이었지요. 사촌 오빠의 친구가 그
상을 받았는데, 나는 초대받을 당시 그 사실을 몰랐어요.

졸업식에 초대받은 게 신나서 드레스를 직접 만들어서 입
고 갔지요. 그런데 초대된 여자들이 대부분 졸업생의 약혼자
나 부인이었나 봅니다.

식이 끝나고 잔디밭에 다 같이 앉아 담소를 나누는데, 지
역 신문 기자가 취재를 하면서 사진을 찍어갔나 봐요. 나중
에 기사가 나왔는데 그 사진 하단에 '약혼자들'이라고 쓰여

있었어요. 신문을 보고 어머니 친구들이 많이 전화를 걸어 "엘렌이 약혼을 했니?"라고 물으셨다고 해요. 그런데 지역 전체에 배달되는 신문이라 그 기사를 데이빗도 본 거예요. 그가 많이 놀랐죠. 그때는 우리가 막 교제를 시작하던 시점이었으니까요.

어떻게 교제하셨는지 궁금합니다.

그 일이 있은 후 나는 다시 테네시의 학교로 돌아갔어요. 우리는 결혼에 대한 방향이 같았지요. 계속 공부하고 선교하고 싶은 마음도 있었고요. 그와 같이 있으면 참 편안했어요.

우리는 여러 부분의 생각이 비슷해서 자연스럽게 사귀게 되었어요. 그러다 3학년 봄 부활절 무렵에 데이빗이 내게 십자가 목걸이를 선물하면서 졸업하면 선교 사역을 하고 싶다고 말했지요.

나는 놀러 다니는 걸 좋아하고, 데이빗은 공부하는 걸 좋아했어요. 내가 다른 사람들과 자주 영화 보러 다닌다는 것을 알고는 그가 정식으로 데이트 신청을 했어요. 당시 기숙사에서 생활하는 사람들은 차를 갖고 있을 수가 없었고, 집에서 통학하는 사람들만 타고 다닐 수 있었지요.

기숙사에 있던 우리는 차 없이 오랜 시간 걸으면서 데이트를 했어요. 아름다운 풍경을 보며 오랫동안 함께 걷는 일은 정말 즐거웠지요. 또 가끔 버스를 타고 나란히 앉아 차창 밖을 바라보며 데이트를 하기도 했어요.

그렇게 자가용 없이 데이트를 해서 '건강하고 보호받는 교제'를 할 수 있었던 것 같아요. 예전이나 지금이나 젊은 사람들이 데이트할 때, 둘만 있는 환경은 때로 위험할 수 있으니까요.

프러포즈는 누가 먼저 하셨어요?

나는 데이빗에게 "약혼하기 전에 아버지를 만나야 해요"라고 여러 번 말했어요. 그래서 교제할 때 그가 부모님을 만나러 몇 번 찾아왔죠. 그는 내가 살던 동네에서 100마일(약 160킬로미터) 정도 떨어진 곳에 살았어요. 더구나 차가 없어서 우리 집에 와서 부모님을 만나기가 쉽지 않았지요.

그럼에도 여름방학 때 히치하이킹까지 하면서 우리 집을 여러 차례 방문했어요. 부모님은 그를 무척 마음에 들어 하셨어요. 하지만 정말 중요한 결혼에 대한 얘기는 구체적으로 하지 않으셨지요. 그러던 어느 날, 우리는 동네 공원에 산책을 나갔어요. 아주 예쁜 공원이었지요. 형형색색의 분수가 빛나는 굉장히 멋진 장소였어요. 그곳에서 데이빗이 반지를 내밀며 프러포즈를 했답니다. 정말 로맨틱한 순간이었어요.

나는 아버지와 결혼에 대해 얘기를 해봤냐고 물었어요. 당시 내게는 아버지의 허락이 가장 중요했나 봅니다. 데이빗은 저녁 9시가 넘은 시간에 아버지께 전화를 걸었어요.

아버지는 학년을 마치고 다음 해 6월쯤 결혼하면 어떻겠냐고 하셨어요. 데이빗은 여름은 더울 거라며 올해 겨울에 하고 싶다고 자신의 생각을 분명하게 말했어요. 우리는 빨리 결혼하고 싶었거든요. 사랑하는 사람과 함께 살고 싶었으니까요. 결국 부모님이 허락하셨고, 약혼을 먼저 했어요.

우리는 1957년에 대학을 졸업하고, 9월에는 버지니아주에 있는 유니온신학대학원에 입학을 했어요. 그리고 그해 성탄 즈음에 결혼했지요. 그때 나는 21세였어요.

우리는 방학에 맞춰 결혼했고, 학교 기숙사에서 신혼생활을 시작했어요. 캠퍼스에 부부를 위한 기숙사가 있었는데, 둘 다 학교에 다니니까 공부하면서 지내기에 딱 좋았어요.

1957년 12월 28일에 올린 결혼식

한국을
품다

처음부터 선교에 대한 두 분의 비전이 같았나요?

맞습니다. 우리는 둘 다 선교에 대한 비전을 갖고 있었어요. 주님을 사랑했고, 주님의 사랑을 나눌 수 있는 남편과 함께 였기에 선교지에 가는 것을 결정하기가 쉬웠지요. 자신이 준비되지 않은 상태로 배우자를 따라 선교지에 가서 힘들어하는 부부들도 많거든요. 하지만 우리는 둘 다 선교에 대한 비전이 있어서 정말 감사했어요.

나는 대학교 1학년 봄에 브리스톨 테네시에서 해마다 열리는 선교대회에 3주간 참여했어요. 공부는 잠시 제쳐두고 하나님께만 집중한 시기였는데, 하나님께서 세계선교에 대한 마음을 명확히 주셨지요.

데이빗은 대학에 들어가기 전부터 선교에 대한 마음이 있었어요. 그는 고등학교를 졸업하던 1953년 여름, 청소년수련회에 참석해 인격적으로 주님을 만났다고 합니다. 그때 '다른 민족을 위해 살라'는 하나님의 음성을 듣고 열방에 나가 예수님을 전하고픈 뜨거운 열망이 일었다고 해요.

청년 데이빗은 그리스도의 구원이 자기 자신만을 위한 것이 아니라 열방의 모든 사람을 위한 것임을 깨닫고 선교사로 살기로 결심했지요. 그때까지 그는 선교사가 무슨 일을 하는지 잘 몰랐고, 한번도 선교사를 만나본 적이 없었음에도 그런 마음이 든 것이 놀랍고 신기했다고 합니다.

선교사 부부는 결혼하기 전에 가능하면 각자 주님의 부르심을 경험하면 좋을 것 같아요. 그냥 '따라가면 되겠지' 하고 막연히 생각하지 말고요. 시간을 두고 기도하면서 다른 선교사님이나 안식년을 맞아 잠시 돌아온 선교사님을 만나 얘기를 나눠보는 것도 도움이 될 거예요.

우리가 다녔던 신학교 옆에는 안식년을 맞은 선교사들을 위한 아파트가 있었어요. 그래서 그들과 자연스럽게 만나서 얘기를 나눌 수 있었지요. 선교 비전을 받지 못했다면 기다리는 것도 좋다고 생각해요. 책을 읽거나 선교사의 간증을 듣는 것도 도움이 됩니다.

지금은 단기선교도 많이 가잖아요. 그것도 장기선교를 결심하는 데 도움이 됩니다. 옛날에는 해외 단기선교를 가는 일은 생각할 수도 없었지요. 하지만 요새는 가족이 함께 나가서 몇 년씩 살다가 오기도 하더군요.

한국에 선교사로 오신 특별한 이유가 있었나요?

우리가 원래 희망했던 선교지는 모슬렘 국가인 '이란'이었는데, 이란은 당시 우리가 속한 선교단체에 문을 굳게 닫아 들어갈 수가 없었어요. 그러는 와중에 하나님께서 다양한 방법으로 우리가 가야 할 곳이 '한국'임을 알려주셨지요. 당시 우리는 한국에 대해 아는 것이 거의 없었거든요.

하나님은 우리가 한국 파송 선교사들을 만날 수 있도록 인도해주셨어요. 대학생성경읽기선교회(University Bible Fellowship, UBF)의 배사라(사라 베리) 선교사님과 대전 지역의 농촌 선교사로 헌신했던 R. K. 로빈슨 목사님을 만나면서 한국 선교에 대한 마음을 품게 되었어요. 또 한국에서 온 교환학생들을 만나면서 한국에 관심을 더 갖게 되었지요.

또 다른 계기는 1960년에 미국 신문에 실린 한국 학생들의 기사를 보게 된 것이었지요. 4·19혁명을 다룬 기사에서 나라를 뜨겁게 사랑하여 모인 남학생들의 사진을 보았는데, 그 열정이 참 좋아 보였어요. 우리는 생각했지요.

'하나님을 향한 열정이 저렇게 일어나면 얼마나 좋을까.'

한국에서 대학생 사역을 하고 싶다는 마음이 생겨 기도하기 시작했어요. 그때 마침 남장로교 교단의 선교사 파송 책임자가 우리에게 말했지요.

"한국과 대만에서 대학생 사역을 위한 선교사를 보내달라는 요청이 왔습니다."

대만은 영적으로 굉장히 복잡한 나라잖아요. 거리마다 신들이 있고, 의복도 상징적인 것이 많고요. 그런데 한국은 딱 하늘님(천지신명) 하나잖아요. 그래서 우리는 한국이 하나님이 준비하신 나라라는 생각을 했지요.

한국에 오기 위해 인터뷰 등 여러 과정을 거쳐야 했지만 지금도 그때를 생각하면 너무나 감사해요. 지금까지 한번도 한국에 온 것을 후회한 적이 없어요.

한국에 오기 전에 했던 인터뷰의 목적은 우리의 어려움이나 부부간의 문제를 확인하기보다는 사명을 확인하는 과정이었지요. 딱딱한 질문을 던지는 것이 아니라 아주 친절하게 대해주셨어요. 마치 부모님과 의논하는 듯한 분위기였지요.

선교회 리더들은 우리가 한국에 가는 것을 굉장히 좋게 생각한 것 같아요. 우리를 인터뷰한 분은 다른 선교사들을 돕기 위해 한국에 몇 년 동안 다녀왔다고 해요. 그래서 한국 문화에 대한 이야기를 나누는 아주 좋은 시간이었습니다.

그럼 결혼하고 바로 한국으로 오신 건가요?

아닙니다. 결혼하고 몇 년간 미국에서 신혼을 보냈지요. 사실 우리는 종신 선교사로 헌신했기에 곧바로 떠날 수 있었어요. 더구나 학생이어서 미국에서 정리할 것도 별로 없었고요. 그런데 우리가 속한 장로교회에서는 "선교사로 떠나기 전에 자국에서 똑같은 사역을 1년 동안 해야 한다"라는 규칙이 있었어요. 그래서 바로 선교지로 갈 수 없었지요.

그 무렵 버지니아에서 가장 오래된 대학인 윌리엄 앤 메리 대학(College of William & Mary) 근처의 장로교회에서 대학생 사역을 할 사역자를 찾는다는 연락이 왔어요. 우리는 그곳으로 가기로 했지요. 그 대학은 배움과 열정이 있는 열린 학교였어요.

우리는 성경을 가르치고 수양회를 열어 말씀을 전했어요. 데이빗은 어느 장로교회의 부목사로 섬기기도 했지만 주로 대학생 선교에 힘썼어요. 모국어로 했던 그 사역은 우리에게 정말 유익했어요. 우리의 사명이 확실히 이 방향이 맞는지 알아보는 시간이 되었죠.

당시 나는 아이가 없고, 바쁘지 않아서 사역하는 대학에서 미술을 공부하기로 했어요. 십자가에 성령의 비둘기가 있는 그림을 그리고 싶었거든요.

20대 중반, 선교사로 파송될 당시의 데이빗과 나

내 기억으로는 한 달 정도 연습실에서 그 그림을 그린 것 같아요. 아주 좋은 시간이었어요. 그렇게 1년을 보낸 후에 나는 25세, 데이빗은 26세가 되었을 때 한국 종신 선교사로 파송이 되었습니다.

낯설지만
행복한 시작

한국에 첫발을 들여놓았을 때 어떤 기도를 하셨는지 기억
나세요?

1961년 8월, 우리는 미국 샌프란시스코 항에서 화물선 초크
타우(S. S. Choctaw)에 올랐습니다. 항공편도 있었지만 가격
이 너무 비싸서 배를 타고 일본을 거쳐서 왔지요.

배에는 일본인 부부, 가톨릭 수녀들, 보성여고 교장이었던
김종순 장로를 비롯해 한국으로 가는 3명의 다른 선교사들
이 있었어요. 주일에는 데이빗이 그들과 선원들이 함께하는
예배를 인도하기도 했지요.

3주 동안 배를 타고 오면서 그들과 이야기를 나누었습니
다. 우리가 40년을 위탁하고 한국 선교사로 간다고 하니 선
장이 우리를 좀 이상한 사람으로 여겼어요. 한국인 교장 선

생님은 항해하는 동안 우리에게 한국말을 가르쳐주었지요.

그런데 우리가 잘 못 따라하니 "당신들은 한국어를 못 배울 것 같다"라고 하더군요. 아마 데이빗은 이 말을 듣고 오기가 나서 이후에 한국어 공부를 더 열심히 했던 것 같아요. 그의 말이 틀렸다는 걸 증명이라도 하려는 듯이요.

오랜 항해 중에 어려운 일도 있었습니다. 태평양 한복판에서 배가 고장이 났어요. 아주 오래된 배여서 이틀 동안 수리를 해야 했지요. 덕분에 미국도 한국도 아닌 망망대해에서 이전의 삶을 뒤로하고 새로운 삶을 기대하며 마음을 다잡는 시간을 가질 수 있었습니다.

그 가운데 우리는 '선교는 하나님을 좀 더 진실하게 만나기 위해 구하는 과정'임을 알게 되었지요. 내 안에는 나 자신이 가득 차 있어서 하나님이 계시기에 너무 비좁았음을 깨달았어요. 그분이 내 안에서 일하시도록 자신을 비워내야 했지요. 태평양 한가운데에서 내 안에 하나님께서 거하시고 역사하시길, 나를 고쳐주시길 구했습니다.

그렇게 20일이 넘는 항해 끝에 인천항에 도착했는데, 거센 파도 때문에 하선할 수가 없었어요. 그래서 배에서 하루를 더 머물렀지요. 그러나 내겐 두려운 마음보다 설렘이 더 컸습니다. 마침내 한국 땅을 밟았을 때는 감격하며 감사기도를 드렸지요.

"하나님, 이 아름다운 한국 땅에 우리를 보내심을 감사합니다. 이 나라에서 한국인의 심장소리를 듣게 하시고, 문화를 배우게 하소서. 그들을 하나님께로 인도하게 하소서."

두 분은 정말 한국어를 잘하십니다. 어떻게 배우셨나요?

우리가 한국에 와서 처음 살았던 곳에 대해 먼저 말하고 싶어요. 우리가 속한 선교기관에서 다른 선교사 가족들과 연세대 캠퍼스 안에 위치한 언더우드(Dr. Horace Underwood) 박사의 집에서 살도록 해주셨어요.

당시 언더우드 박사 가족은 안식년으로 영국에 머물고 있었거든요. 굉장히 크고 편안한 서양식 집이었는데, 몇 달이 지나자 우리는 한국인 공동체에서 살고 싶어졌어요.

그래서 회현동으로 이사해서 남산감리교회의 오복균 장로님 가정과 함께 살았습니다. 비록 장로님 내외와 두 자녀가 모두 영어를 할 줄 몰랐고, 우리도 한국어를 거의 못했지만 즐겁게 지냈어요. 사랑이 넘치는 가정이었고, 그 사랑이 한국어 공부를 위한 문을 열어주었습니다.

8개월 정도 그들과 같이 살고 나서, 연희동의 작은 한국식 집으로 이사를 했어요. 우리만의 집이 생기자 대학생들이 밤이나 낮이나 올 수 있어서 참 좋았지요. 당시 데이빗은 영락교회에서 영어로 성경을 가르쳤는데, 학생들이 정기적으로 우리 집에 왔어요. 그들은 우리에게서 영어를, 우리는 그들에게서 한국어를 배웠지요.

그 집의 마당에 우물과 변소가 있었어요. 데이빗이 우물에서 물을 길어주곤 했지요. 당시 한국에는 집집마다 돌아다니며 구걸하는 사람들이 있었어요. 가끔 우리 집에 찾아와 도움을 요청하는 이가 있으면 남편은 서툰 한국말로 우물에서 물을 길어줄 수 있느냐고 오히려 도움을 청했어요. 그리고 물을 길어주면 고맙다며 답례로 돈을 주었지요. 그들의 자존심을 지켜주려고요. 그렇게 부엌 옆 물탱크에 물을 채워놓으면 내가 잘 사용했지요.

우리가 떠나오기 전에 한국 선교사로 다녀온 분들이 한국에서 필요한 것들에 대한 정보를 주었어요. 그 중에 하나가 냉장고였죠. 하지만 우리 집이 좁아서 미국에서부터 어렵게 가지고 온 냉장고를 둘 자리가 없었어요.

그래서 결국 처분하게 됐는데 살 만한 사람이 많지 않아서 아주 헐값에 팔았던 기억이 납니다. 지금 생각해보니 냉장고를 싸게 팔 수밖에 없었던 이유가 언어 문제 때문이었는지도 모르겠네요. 흥정을 할 줄 몰랐으니까요.

우리는 선교사로 파송되기 전에 일부러 한국어를 미리 배우지 않았어요. 처음부터 올바른 한국어 발음을 익히고 싶었기 때문이지요. 감사하게도 연세대 한국어학당에서 2년 동안 체계적으로 배울 수 있었습니다.

당시 한국어학당의 학생들 중 우리 교파 선교사가 9명 정도 있었어요. 앞서 말했듯이, 우리가 처음 한국에 도착했을 때 3개월 동안 언더우드 하우스에서 지내면서 언어 공부를 했습니다.

처음 한국 생활을 하면서도 공동체가 있어서 그렇게 어렵지 않았어요. 그때 새로 온 선교사들이 10명 정도 있었거든요. 우리 둘과 입양한 아들을 둔 한 부부와 싱글인 간호사 자매 이렇게 6명이 같이 살았어요. 그들과 한국어 공부도 같이 했지요. 학교도 함께 다니고, 각자 가정교사와 연습도 했어요.

월요일부터 금요일까지 가정교사와 아침마다 3시간씩 전날 배운 것을 복습했습니다. 오후에는 학교에 가서 4시간 정도 공부했고요. 그렇게 하루에 7시간씩 2년 동안 방학도 없이 공부했습니다.

처음에는 한국어를 배우는 게 힘들었지만 점점 재미있었어요. 박해리 선생님은 선교사에게 한국어를 가르치는 것을 그분의 사명으로 여기셨어요. 매우 친절하게 잘 가르쳐주셨지요. 선교사에게 한국어를 가르치기 위해 직장도 그만두셨다고 했어요. 한국어를 가르치는 데 굉장한 달란트가 있는 분이었지요. 데이빗이 열심히 공부하는 게 눈에 띄었는지 우리를 더 친근하게 대하셨어요. 시간이 날 때마다 개별적으로 가르쳐주셨어요. 요즘도 우리를 만나면 "오, 아직도 한국말을 잘하시네요"라고 하시지요. 그러면서 데이빗의 한국어 발음을 교정해주시곤 해요. 언어 공부는 평생의 노력이에요. 우리는 좋은 선생님 덕을 많이 봤습니다.

하나님께서 데이빗을 위해 특별히 박 선생님을 붙여주신 것 같아요. 대학 교수 사역과 교회 설교를 소화하려면 완벽하게 한국어를 해야 했으니까요. 남편은 '의' 발음을 정확하게 하려고 끊임없이 연습하다가 턱 근육이 굳기도 했어요. 굳은 근육을 풀기 위해 병원에 가서 물리치료를 받았지요.

그래도 그는 정확하게 '의'를 발음할 수 있을 때까지 포기하지 않았어요. 병원에서 물리치료를 받고 근육이 조금 풀리면 다시 발음 연습을 했답니다.

또 한국어를 빨리 익히기 위해 종로 거리를 누비며 대화를 시도했어요. 빵집과 다방에서 처음 보는 사람과 대화를 나누며 생활 한국어를 익혔지요. 늘 자신의 시계는 주머니 속에 넣어두고 만나는 사람들에게 "지금 몇 시입니까?"라고 한국말로 묻곤 했어요. 하지만 나는 학당에 다닐 때 모르는 사람과 대화하는 법 등을 연습했지만 용기가 나지 않았어요.

1961년 연세대 언더우드 하우스 앞에서 한국어학당 학생들과

성실함 같아요. 언더우드 사택에서 다른 선교사들과 함께 살 때였어요. 형제들이 식사 시간에 한국말만 하자고 제안하기에 자매들이 모두 반대했지요. 밥 먹는 시간만큼은 언어에 신경 쓰지 않고 편히 있고 싶었거든요.

여성 선교사는 밤까지 공부할 수도 없었어요. 저녁에는 가족을 돌보고 집안 정리도 해야 하니까요. 남자들은 종일 공부하고 밤에도 공부했어요.

치과의사였던 고(故) 유수만 선교사(Dr. Dick Nieusma)는 거의 언어학자 같았어요. 근처 시장에 나가 '소의 혀'를 구해서 한국어 발음의 원리를 익히기까지 했지요. 여자들은 징그러워하면서도 한국어를 정확하게 발음하고자 노력하는 남자 선교사들의 열의를 높이 샀습니다.

사실 우리는 단기선교사로 헌신한 것이 아니고 40년, 나아가 평생을 한국 선교사로 위탁했기 때문에 언어를 열심히 배우는 건 필수였어요.

우리는 연세대학교 한국어학당의 선생님들께 정말 감사하게 생각하고 있습니다. 나는 최은영 권사님과 수년간 함께 공부하며 여러 가지 면에서 도움을 받았습니다.

우리는 친구가 되었고 지금까지 변함없이 친밀하게 지냅니다. 우리가 연희동에 살던 당시 이웃이었던 오 씨 부인도 한국어 공부에 큰 도움이 되었어요.

선교사에게 가장 중요한 것이 무엇이냐고 많은 후배 선교사들이 물어봅니다. 나는 '인내'라고 대답하지요. 선교사에게 인내는 아주 많은 부분에서 반드시 필요합니다. 현지 언어를 배우는 일부터 인내가 요구되지요. 의사소통을 자유롭게 하려면 아주 많은 인내가 필요하지만, 즐겁게 그 기간을 보낼 수도 있습니다.

데이빗과 나는 한국어 배우는 것이 정말 즐거웠어요. 왜냐하면 즐겁다고 생각했기 때문입니다. 선교사에게 필요한 두 번째는 '긍정적인 사고'인 것 같아요. 어떤 사람이 한국말 배우는 것이 너무 어렵다고 하자 데이빗이 말했어요.

"한국말을 어려운 언어라고 생각하지 말고, 우리 모국어랑 다른 언어라고 생각합시다."

그의 말대로 한국말을 어려운 말이라고 단정하지 않고 영어와 조금 다른 언어라 생각하니 훨씬 접근하기가 쉬웠어요. 다른 언어를 배우고 익히는 즐거움이 컸지요. 그래서 인내하는 것이 고통만은 아니고 즐거울 수도 있음을 깨달았어요.

한국어를 배우는 중에 생긴 재미있는 에피소드가 있으면
들려주세요.

언더우드 사택에 살 때에 정말 재미있는 에피소드가 많았어
요. 우리 집에서 일을 도와주는 나이 든 아주머니가 있었는
데, 정말 재미있고 성품이 좋았어요. 그녀는 으레 부엌에서
음식을 해서 상에다 올려서 갖다주었지요. 우리가 필요한 음
식을 달라고 부탁하면 더 갖다주기도 했어요.
　어느 날, 내가 아주머니에게 말했어요.
　"남자를 좀 주세요."
　"네?"
　"남자를 가져다주면 좋겠어요."
　아주머니에게 '감자'를 달라고 말하고 싶었는데 '남자'라고
말하고 만 거예요. 그녀가 빙긋 웃더니 내게 감자를 갖다주
었어요. 어떻게 알아차렸는지 지금도 궁금합니다.
　데이빗은 설교하면서 늘 한국말을 완벽하게 하려고 노력했
어요. 그런데 한번은 그가 한창 진지하게 설교를 하는데 갑
자기 청중들이 웃음을 터뜨렸어요. 그가 '낭만주의'라고 말한
다는 걸 '넝마주의'라고 한 거예요. 또 상황에 맞지 않는 농담
을 하거나 속담을 잘못 사용해서 실례가 된 적도 있었어요.
　사람들이 우리에게 한국말을 잘하게 된 비결을 물으면 데

이빗은 이렇게 말하지요.

"하나님께 사랑을 받으면 그분과 밀접한 관계를 맺고 사랑을 더 나누게 되듯이, 한국 사람들에게 많은 사랑을 받으니까 그들과 마음껏 얘기하고 싶었습니다. 그들을 더 사랑하게 되니까 말도 빨리 배울 수 있었어요."

나도 남편과 같은 생각입니다. 선교사에게 꼭 필요한 것은 '사랑'입니다. 아니, 선교사뿐만 아니라 모든 그리스도인에게 반드시 필요하지요. 살아온 모든 날들과 사역한 모든 일에서 남는 것은 사랑뿐입니다. 사랑만 남습니다.

한국 사람들과 사랑을 주고받았기에 한국말을 배우는 것이 즐거웠습니다. 그래서 우리 생각과 마음과 입에 한국말이 이처럼 남아있나 봅니다.

한국 문화 적응기에 생긴 에피소드를 더 듣고 싶어요.

한국 사람들 속에 깊이 들어가고 싶어서 나름대로 노력하던 시기에 웃지 못할 일이 있었어요. 나는 가끔 외출해서 한국 여성들과 만나 즐거운 시간을 보냈어요. 한국 사람들 사이에서 나는 가만히 있어도 눈에 띄는 서양 사람이었지요. 그래서 되도록 뒤지 않으려고 노력했어요.

외출복인 한복을 입고

여성의 외출복이 한복이라는 것을 알고부터 나도 늘 한복을 입고 외출했지요. 그러던 어느 날, 그 여성들과 파티에 함께 가기로 했어요. 그날도 당연히 한복을 입었지요. 하지만 버선은 너무 불편하더군요. 한국 여성들도 버선과 고무신 대신 구두를 신는다는 것을 알았기에 구두를 신고 나갔어요.

그런데 모임 장소에 도착하니 여성들이 전부 양장 차림이었어요. 한복을 입은 사람은 나 혼자였지요. 그 사이에 외출복이 양장으로 바뀐 것을 아무도 알려주지 않았던 거예요. 아마 누구도 그것을 알려주어야겠다는 생각을 못했겠지요. 그것은 나만의 고민이었을 테니까요.

그날 양장을 차려 입은 많은 한국 여성들 틈에서 나만 유일하게 한복 차림이었어요. 사람들 사이에서 뒤지 않으려고 노력했는데 오히려 가장 눈에 띈 날이었지요. 특별히 잊을 수 없는 기억입니다.

오대원과 오성애로
살다

목사님의 한국 이름을 '오대원'으로 정한 이유가 있나요?
엘렌 사모님도 한국 이름이 있는지요?

많은 사람들이 궁금해하는 질문입니다. 앞에서도 얘기했듯이, 우리 부부는 선교사 공동체와 한 학기만 함께 살고 그다음에는 8개월 정도 한국인 가정과 같이 살았어요.

데이빗의 한국 이름인 '오대원'은 그 집 주인이었던 오복균 장로님이 지어주었지요. 그녀와 같은 성인 오 씨에다가 이름은 흥선 대원군에서 따서 '대원'으로 지었어요. 그래서 오대원이 된 것입니다.

대원군은 나라를 매우 사랑했으나 기독교인을 심하게 박해한 인물이지요. '오대원'은 역설적인 의미로 대원군과 반대로 살겠다는 뜻을 담았습니다. 내 한국 이름은 남편을 따라

'오성애'(거룩한 사랑이란 의미)로 지었어요. 뜻이 무척 좋지요. 그런데 사람들이 내 한국 이름을 잘 몰라요. 아무래도 '사모님'이라는 호칭으로 더 많이 불리다 보니 그런 것 같습니다.

언어가 아직 통하지 않을 때 한국 사람들과 함께 예배드릴 기회가 있었나요?

회현동으로 이사한 다음 날 새벽 4시 30분, 오 장로님이 우리 방문을 두드렸어요. 말은 통하지 않았지만 우리에게 어디를 같이 가자고 하는 것 같더군요. 이른 새벽에 말이에요. 우리는 어디로 가는지도 모르면서 무작정 따라나섰어요.

한참만에 도착한 곳은 교회였어요. 장로님이 우리를 새벽 예배에 데리고 간 거지요. 예배당에 톱밥 난로가 있던 것이 기억납니다. 우리는 성도들이 바닥에 앉아서 찬양하고 기도하는 것을 알아차렸어요. 그래서 우리도 똑같이 했지요.

언어도 안 통하는데 어떻게 찬양과 기도를 한 줄 아세요? 자세히 보니 사람들이 찬양을 할 때는 일제히 몸을 좌우로 흔들고, 기도를 할 때는 앞뒤로 흔드는 거예요. 그래서 우리도 그 동작을 따라하며 예배를 드렸답니다.

말은 알아들을 수 없어도 몸은 움직일 수 있었으니까요.

그들과 같이 옆으로, 앞뒤로 몸을 흔들며 처음 새벽예배에 참
여한 기억이 생생합니다.

또한 장로님 가정의 귀엽고 사랑스런 아이들이 우리에게
너무나 친절히 대해줬어요. 우린 함께 윷놀이를 하며 친해졌
지요. 말이 잘 통하지 않아서 많은 것을 나누지는 못했지만
우리에 대한 아이들의 사랑이 느껴졌어요. 언어소통이 안 된
다고 사랑을 표현할 수 없는 것은 아니잖아요.

주인 집에는 사람들이 자주 방문했는데, 장로님에게 치유
기도를 받기 위해서였던 것 같아요. 그때 우리는 성령에 대해
아무것도 몰랐어요. 주인 분도 말하지 않았고, 우리도 물어
보지 않았지요. 그래서 나중에 알았어요. 성령으로 기도하며
성령을 따라 사는 분들이었다는 것을 말입니다. 우리 부부가
그 장로님의 성씨를 따른 것도 의미가 있었다고 생각해요.

사역이 본격적으로 시작되면서 많이 바쁘셨다고 들었습니
다. 돕는 사람이 있었나요?

우리는 오 장로님 댁에서 지내다가 첫아이를 데려올 준비(입
양)를 하면서 이사를 했어요. 마침 선교사들을 위해 마련된
집이 비어있었거든요.

아이들과 함께한 즐거운 시간

우리 집이 생기면서 손님이 끊임없이 찾아왔어요. 특히 대학생 손님이 많이 왔지요. 대학생 사역을 하는 즐거움이기도 했어요. 때때로 어떤 학생들은 자고 갔어요. 그러다가 팀 멤버들과 공동생활을 하게 되었지요.

남편은 아침에 사무실에 나가서 저녁에 돌아왔어요. 그러니 요리, 청소, 빨래 등 집안일을 나 혼자 감당해야 됐죠. 혼자 힘으로는 벅차서 일을 도와줄 사람이 필요했어요. 당시 시골에서 친척이 올라와 살림을 도와주는 집이 많았어요. 우리도 한 아주머니의 도움을 받았답니다. 그 분과는 주님 안에서 친자매처럼 살았어요.

한국에서 살면서 당황스런 일도 있었나요?

한국에 온 지 얼마 안 됐을 때였어요. 혼자 택시를 탔는데, 기사가 운전하면서 룸미러로 계속 나를 쳐다보더라고요. 그 때는 내가 20대였으니까 예쁘게 보였나 봐요. 그러더니 말을 걸었어요.

"결혼은 했어요?"

"네, 저 결혼했어요."

"그럼 아기는 있어요?"

"아기는 없어요."

"왜 아기가 없어요?"

"…?"

사생활에 대한 질문을 계속 받으니 당황스러웠어요. 그것도 초면에 말이지요. 아마 운전하면서 심심해서 물어본 것 같은데, 내겐 좀 불편한 질문들이었지요.

또 한 가지는 당황스럽다기보다 마음 아픈 장면이 생각나요. 길에서 돈 달라고 구걸하는 어린아이들을 볼 때마다 마음이 많이 아렸어요. 그 아이들은 누군가에 의해 강제로 구걸하는 것 같았어요. 몹시 추운 겨울인데도 얇은 옷을 걸치고 길에서 울거나 엎드려서 돈을 달라고 했어요. 그런 아이들을 볼 때마다 모두 집에 데려가고 싶었지요.

파도 아래로
온몸 던지기

목사님과 사모님은 사역 초기부터 분명한 선교 목표가 있었나요? 또 선교 사역을 시작하면서 어떤 부분을 중요하게 생각하셨나요?

우리는 처음부터 많은 계획을 세우지 않았어요. 우리의 첫 임무는 새로운 '조국'을 배우는 것이었지요. 그래서 한국 사람과 가까워지려면 어떻게 해야 할지 많은 고민을 했습니다.

당시 데이빗은 그 방법을 '파도 아래로 온몸을 던지는 것'이라고 생각했어요. 그가 오래전에 하와이에 갔을 때 해변에서 파도 타는 사람들을 보았대요. 그들은 높은 파도도 겁내지 않고 온몸을 던져 파도를 탔지요. 너무 재미있어 보여서 데이빗도 시도해보았지만 파도 타는 방법을 모르니 금세 물에 빠지고 말았어요.

그러자 한 친구가 "파도 아래로 다이빙을 해"라고 가르쳐 주었대요. 그래서 몸을 낮추고 넘실거리는 파도 밑으로 몸을 던지자 신기하게도 물에 빠지지 않고 평화롭게 파도를 탈 수 있었다고 합니다.

데이빗은 그것이 새로운 조국, 한국에 들어가는 방법이라고 생각했어요. 하나님께서 그에게 '잠수하라', '사람들 속으로 파고 들어가라', '섬기려는 사람이 되어 밑으로 들어가라'라는 마음을 주셨거든요.

그래서 그는 자전거를 타고 시내를 누비며 한국의 생활과 문화를 배우기 시작했지요. 그때만 해도 외국인이 자전거를 타고 돌아다니는 모습을 사람들이 신기한 듯 바라보았어요.

또 영락교회에 다니며 대학생 영어 성경공부를 4년 동안 인도했고, 담임목사님이셨던 한경직 목사님과도 교제를 나누었습니다.

선교에 임한 자세를 요약하자면 "끝까지 인내하되 사랑으로 인내한다"라고 할 수 있겠네요. 남편은 늘 말했어요.

"선교든 삶이든 '사랑'이 우선입니다. 왜냐면 사랑만 남기 때문이지요."

그런 의미에서 보면 '파도 밑으로 들어간다'는 것도 보냄받은 곳에서 자신에게 맡겨진 사람들을 사랑한다는 뜻이겠지요. 선교지에서 수십 년 수고하며 많은 일을 하더라도 결국 남는 것은 사랑뿐이거든요. 그 말은 아무리 화려하고 큰 성과를 거두었다고 해도 사랑으로 하지 않은 것들은 결국 다 사라진다는 의미지요.

데이빗과 나는 알고 있어요. 우리가 삶으로 사랑한 것만 한국 사람들 속에 남을 거라는 사실을요. 사랑으로 인내하면 결국 삶 전체가 기쁨의 여정이 된다는 것을 깊이 깨달았습니다.

본격적인 한국 사역의 시작을 전남 광주에서 하셨다고 들었어요. 왜 광주에 가셨죠? 얼마 동안 그곳에 계셨나요?

남장로교 선교회가 주로 호남 지역에서 사역을 했기 때문이에요. 3년 동안은 서울에서 언어를 배우고, 그다음에 광주에서 2년간 살았어요.

데이빗은 광주에서 성경읽기운동(UBF)을 시작한 배사라 선교사님과 함께 사역했지요. 그 지역의 20개 고등학교에 고등부를 세웠고, 캠퍼스 리더들을 모아 귀납적 성경공부를 가르쳤어요. 토요일 전체 모임에는 수백 명의 학생들이 모이곤 했지요.

영어와 성경을 배우기 위해 찾아온 고등학생들과

고등학생들이 영어와 성경을 배우러 서석동에 있는 우리 집에 일주일에 네 번씩 찾아왔어요. 그러면 신발장에 80~100켤레의 검정 운동화가 꽉 찼지요.

또 매일 오전 6시에 우리 집에서 영어 성경공부가 열렸어요. 대학교수, 고등학교 교사 등 20~30명가량이 모였지요. 전남대에서 동양철학을 가르치던 교수들과 예수님을 믿지 않는 사람들도 영어를 배우려고 왔습니다.

무엇보다 광주에서 생활하는 동안 한국인의 심성을 깊이 이해할 수 있어서 좋았어요. 한번은 데이빗이 공부를 가르치다 쉬는 시간에 깜빡 잠이 들었나 봐요. 깜짝 놀라 깨어보니 방에 아무도 없었다고 합니다. 피곤해서 잠이 든 선교사를 배려해서 모두 슬그머니 나간 것이었지요.

또 눈이 오는 어느 추운 겨울날, 늦잠을 잔 데이빗이 후다닥 나가서 문을 열어보니 30여 명이 눈을 맞으며 밖에서 조용히 기다리고 있더래요. 벨을 누르거나 문을 두드리면 될 텐데, 우리가 깰까 봐 일어날 때까지 기다려준 것이지요.

그처럼 멋진 광주 사람들이 미숙한 선교사인 우리를 오히려 양육해주었어요. 그들은 정말 정이 많았지요. 무엇보다 우리를 '한국 사람'이라고 칭하며 대환영을 해주어서 너무 감사했답니다. 우리를 한국 사람처럼 편안하게 생각하는 것 같았어요.

우리도 그들과 다른 점을 굳이 찾지 않았고, 미국 이야기도 많이 하지 않았어요. 그들의 이야기를 들어주고, 그 속에 같이 섞여서 생활할 수 있었던 것이 정말 감사했지요.

우리는 한국에서 25년을 살았습니다. 또 한국을 떠난 다음에도 자주 방문하니까 누구도 우리를 손님처럼 생각하지 않는 것 같아요. 그들을 보면 오랜만에 만난 것이 아니라 엊그제 만난 듯 친근합니다. 그래서 지금은 태어나고 자라난 곳보다 한국이 훨씬 더 고향 같아요.

서울에서 살 때 사람들이 데이빗에게 고향이 어디냐고 물으면 그는 '전라도 광주'라고 했고, 성이 왜 오 씨냐고 물으면 지체하지 않고 '무등산 오씨'라고 답했어요. 농담 같은 그의 대답에는 진심이 담겨있었지요.

우리가 서울에서만 살았으면 진짜 한국을 몰랐을 거예요. 처음에는 서울에서 대학생 사역을 할 생각이었기 때문에 서울을 떠날 마음이 없었습니다. 그런데 순종하는 마음으로 전라남도에 갔고, 그곳 사람들과 사랑에 빠졌어요.

그래서 첫 안식년으로 광주를 떠날 때 발길이 쉽게 떨어지지 않더라고요. 마음이 정말 어려웠어요. 2년밖에 살지 않았는데 말이지요. 그곳 사람들도 우리를 붙잡고 싶은 마음이 컸지만 기꺼이 보내주었어요. 한국에 돌아오면 꼭 광주로 다시 오라고 하면서요.

안식년을 맞아 미국에 갔을 때 어떤 교회를 방문하게 됐어요. 교회 행사를 위해 실내를 화려하게 장식했더군요. 그런데 예전에는 당연하게 여겼던 것들이 새삼스럽게 눈에 들어왔어요.

'미국교회가 별로 중요하지 않은 데 돈을 많이 쓰는구나. 이 돈이면 광주에 있는 수많은 청소년들에게 따뜻한 내복을 선물할 수 있는데….'

왜 그런 생각이 들었는지 모르겠어요. 아마도 성경을 공부하러 찾아오던 어린 청소년들이 한겨울에 내복도 입지 못하는 것을 알고 마음이 아팠기 때문일 겁니다.

학생들은 언제나 뛰어왔어요. 걸어오면 너무 추웠기 때문이죠. 땀에 젖은 윗옷이 살갗에 붙어있는 것을 보며 그들이 내복을 입지 않은 것을 알았어요. 그들을 위해 나는 난로에 톱밥을 더 많이 넣곤 했지요.

학생들은 내복을 입지 않고 겉옷 한 벌로 추운 겨울을 지내는 일이 다반사였어요. 아마 내복을 살 만한 형편이 안 되는 학생들이 대부분이었던 것 같아요. 지방에서 올라와 광주에서 자취하는 학생들도 많았고요. 그래도 성경을 공부하는 그들의 눈빛은 항상 반짝였고, 얼굴에는 늘 아름다운 미소가 있었습니다.

그들에게 내복을 사주고 싶은 마음이 컸지만 그렇게 하지 않았어요. '우리는 부자고 너희는 가난해'라든지, '우리는 너희를 돕는 사람이고, 너희는 도움을 받는 사람이야'라는 잘못된 인식을 심어줄 위험이 있기 때문이지요. 우리는 그리스도 안에서 한 가족이며 형제자매로, 하나님나라를 위해 함께 일하는 동역자라고 생각합니다.

안식년을 맞아 고국에 갔지만 적응하기가 쉽지 않았어요. 한국을 많이 그리워했지요. 이미 한국 사람이 다 된 것 같았어요. 따뜻한 마음과 뜨거운 열정이 있는 광주 사람들 덕분에 더 그랬던 것 같습니다.

대학생 사역의
시작

한국 음식에 적응하기 힘들지 않으셨는지요?

옛날에는 타민족 선교사가 되면 한 지역에서 40년, 아니 뼈를 묻을 생각을 했어요. 요즘은 좀 다르지요. 그런데 오랜 세월 한 나라에서 선교하겠다고 결정하는 것이 선교사로 살기에는 더 쉬운 것 같아요.

선교사로 한곳에 오래 있을 결심을 했다는 것은 확실한 비전을 가졌다는 뜻이고, 평생 위탁했으니 문화와 언어의 장벽을 마땅히 넘어야 한다는 마음가짐을 갖게 됩니다. 다름과 낯섦을 고민과 갈등의 요소가 아닌 극복의 대상으로 대하기 때문이지요.

이것이 '옛날 선교 스타일'이라고 사람들은 얘기하겠지만 꼭 그렇지만은 않아요. 타문화 선교사들은 이런 자세를 지녀야 합니다. 그래서 나는 선교사 후보생들에게 "부르심을 확실히 받고 가야 한다"라고 말합니다.

나는 그런 자세로 한국에 왔기에 아무리 어려워도 돌아가 겠단 말은 하지 않았지요. 감사하게도 한국에 온 것을 한번 도 후회한 적이 없어요. 또 남편과 고락(苦樂)을 함께 나누며 적응하니까 한국 생활이 너무 재미있더라고요. 서로 도와주 며 즐겁게 살았지요.

음식에 적응하는 것도 마찬가지예요. 사실 나는 매운 음 식을 잘 못 먹어요. 여럿이 밥을 먹을 때는 반찬 중에 맵지 않은 것을 가려서 먹었지요. 그런데 맵지 않은 반찬이 하나 도 없는 경우가 있어요. 그럴 때는 밥을 많이 먹고 반찬을 아 주 조금 먹었답니다.

그렇지만 한국에는 밥 말고도 맛있는 음식이 많았어요. 특히 사각사각 씹히면서 단물이 뚝뚝 떨어지는 배가 정말 맛 있었지요. 겨울에는 향기롭고 몸에도 좋은 유자차를 마신 기 억이 나네요.

음식에 적응하는 방법은 사람마다 다를 것입니다. 그렇지 만 하나님은 작은 권리를 포기하는 이에게 큰 것을 주시는 분이십니다. 제일 싫어하는 것을 제일 좋아하는 것으로 바꿔 주시기도 하고요.

특히 데이빗에게 권리 포기는 '음식'부터 시작됐어요. 지금은 한국 음식을 너무 좋아하지만 처음엔 입에 맞지 않아 금식하는 날이 많았거든요. 그러던 그가 김치찌개를 가장 좋아하게 된 계기가 있습니다.

전주에서 여름 대학생 수련회를 10일 동안 했는데, 첫날 저녁식사로 김치찌개가 나왔대요. 데이빗은 찌개가 너무 맵고 뜨거워서 사람들에게 "하나님께서 오늘 금식하라고 하셨습니다"라고 말했다고 해요.

그런데 다음 날도, 그다음 날도 계속 김치찌개만 나온 거예요. 며칠을 굶다가 더 이상 참을 수가 없어 '하나님, 너무 배가 고픈데 어떻게 합니까?'라고 기도했대요. 그랬더니 하나님께서 '너는 왜 그렇게 어리석은 질문을 하니? 그냥 먹어라'라고 하셨답니다. 그 일로 복음을 위해서라면 아주 사소한 것일지라도 자신의 권리를 포기해야 함을 배우게 됐지요.

남편은 음식에 대한 권리를 포기하자 억눌림으로부터 해방되었습니다. 작은 것에서 해방되니 다른 것에도 자유할 수 있게 된 것이지요. 사실 어떤 사람에게는 작은 것이 누군가에게는 크게 느껴질 수 있어요. 그러나 그 일을 왜 하는지 이유가 분명하다면 권리를 포기하는 일은 어렵지 않지요.

우리는 음식 외에는 처음부터 끝까지 한국을 즐기며 한국 생활에 잘 적응했습니다. 고향 생각도 거의 나지 않을 정도였지요.

서울에서 대학생 사역은 어떻게 시작하셨나요?

광주에서 사역하는 중에도 대학생 사역에 대한 마음이 컸습니다. 안식년을 마치고 돌아온 뒤 대학생 선교를 위해 서울에 정착했지요. 그 무렵 월남(越南)하여 동대문에 메리야스 공장을 세운 김덕영 권사님을 알게 되었습니다.

김 권사님은 성령충만한 분이었지요. 그 분이 데이빗에게 말했어요.

"나는 엘리야가 승천한 후에 갑절로 성령의 능력을 입은 엘리사가 후임으로 오기를 기도하고 있었습니다. 당신이 엘리사처럼 되기를 사모하며 기도하길 바랍니다."

당시엔 그 말이 무슨 의미인지 알 수 없었는데, 우리가 미국에서 은혜를 받고 나서야 알게 됐어요. 안타깝게도 그때는 권사님이 소천하신 다음이었지요. 그 분이 우리를 위해 기도를 많이 하셨던 것 같아요.

김 권사님은 서울공대에서 기독학생회를 함께 이끌자고 우리에게 제안하셨어요. 그래서 1967년에 대학 캠퍼스를 중심으로 사역을 시작할 수 있었지요.

권사님은 독립문 부근에서 사업을 크게 하며 많은 교회를 설립했어요. 또 청량리 인근의 6개 대학(서울공대, 서울여대, 육군사관학교, 시립농대, 경희대, 한국외국어대)에 기독학생회를 설립하셨지요. 그 중 서울공대 기독학생회는 다른 학생단체와 달리 독립적이었어요. 데이빗은 1968년부터 서울공대에서 매주 설교하며 성경공부 인도와 기숙사 심방을 했지요. 기숙사의 사랑방을 커피숍으로 만들어 학생들과 교제했어요.

우리는 대학교 건너편에 위치한 공릉동에 살면서 캠퍼스 학생들에게 복음을 전했습니다. 학생들은 기숙사보다 우리 집에서 더 많은 시간을 보냈지요. 우리는 학생들이 먹는 것을 정말 좋아한다는 것과 함께 먹는 것이 기독교 공동체의 핵심임을 알게 되었어요. 또 기독학생들이 전도와 조국의 재건에 대한 큰 소망을 갖고 있다는 것도요.

김 권사님은 서울공대에 모임을 만들고 '교회'를 세우겠다고 했어요. 국립대학에 교회를 세운다고 하니 다들 웃었지요. 그런데 놀랍게도 권사님은 총장에게 가서 먼저 허락을 받고, 공대 학장에게도 허락을 받아냈답니다.

사실 쉽지 않았지만, 권사님만의 노하우가 있더군요. 맛있는 음식을 해놓고 점심시간에 만날 수 있겠냐고 청해요. 그 다음 음식을 펼쳐놓고 식사하면서 허락을 받는 거예요. 최창근 장로님과 국제기드온협회, 영락교회 성도들이 후원하고 모금을 해주어서 선교센터를 세우게 됐어요.

권사님은 늘 학생들에게 "너희가 교회를 짓고 싶다면 먼저 하나님께서 너희 마음속에 교회를 지으실 수 있게 하라"라고 하셨지요. 그리고 학생들을 매일같이 먹이고 성경을 가르치셨고, 그들을 위해 기도해주셨어요.

우리는 좋은 분들을 모시고 사역하는 복을 누렸어요. 남편은 한국에 멘토가 많아요. 물론 그 분들의 허락을 받고 멘토로 모신 건 아니에요. 그 분들은 자기가 데이빗의 멘토였다는 사실도 모르실 거예요.

한경직 목사님은 말씀을 간단하면서도 깊이 있게 준비하는 법을 알려주셨고, 영락교회 시온성가대에서 지휘를 하셨던 박재훈 목사님은 한국 찬양에 대해 알려주셨지요. 광주에서는 시인 이수복 씨를 매주 만나서 얘기할 수 있었어요. 그런 멘토들을 만난 것은 정말 큰 축복이었답니다. 김덕영 권사님도 그런 멘토 중의 한 분이었어요.

선교는 한 사람이 개별적으로 하는 것이 아니라 공동체로 하는 것이라고 생각해요. 한국에서 좋은 분들과 같은 마음으로 사역해서 이 모든 일이 이루어진 것이지요. 아마 우리 둘이서만 사역했다면 훨씬 어려웠을 거예요.

기숙사보다 우리 집에서
더 많은 시간을 보낸 학생들

대학생들과 함께 사역하면서 즐거웠던 일을 들려주세요.

셀 수도 없이 많지요. 우리는 정말 가족처럼 지냈어요. 우리 집 냉장고는 누구에게나 열려있었고, 자고 가는 학생들도 많았지요.

그 중 서울공대에서 사역할 때의 일을 나눌게요. 여름방학이면 우리는 학생들의 고향 집을 직접 방문했어요. 기차를 타고 가능하면 집집마다 심방했답니다. 학생들이 다니는 교회도 방문하고요. 말하자면 대심방이었지요. 그들과 더 친밀해지는 아주 좋은 경험이었어요.

1970년대에는 모두 다 살기가 어려웠어요. 그래서 서울공대 같은 좋은 학교에 다녀도 우울증에 걸려 자살하는 사람이 있었습니다.

당시 부모님들은 논밭과 소를 팔아서 자녀들을 학교에 보냈다고 해요. 그래서 고향을 방문해서 그 분들을 위로해드렸어요. 학생들도 매우 좋아했지요.

또 마음 아픈 일도 있었어요. 경상도 지역을 여행하는 동안 한 학생이 갑자기 마귀에 사로잡히는 사건이 생겼어요. 그때는 우리가 성령세례를 받기 전이어서 사단과 마귀의 능력에 대한 기독인의 권위를 완전히 이해하지 못했을 때입니다.

그 학생은 부산의 바닷가에서 자살을 시도하고 경찰관과

싸움을 하는 등 우리에게 많은 어려움을 주었어요. 그러다 결국 정신병원에 입원했습니다. 당시 우리는 안타깝게도 인간적인 사랑만 해줄 수 있었지요. 그럴 때 성령사역이 꼭 필요하다는 것은 시간이 지난 후에 알게 되었습니다.

JOURNEY OF JOY

: A LIFETIME OF INTIMACY WITH GOD

Part 2

사역과
함께하신
하나님

성령세례와
예수전도단의 시작

살다 보면 누구에게나 곤고한 시간이 있을 텐데 사모님은
어떠셨는지요?

서울공대에서의 사역은 정신적, 육체적으로 우리를 강하게
해주는 듯했어요. 그러나 하루 15시간 이상 선교활동을 하
면서 영적으로 채워지지 않는 곤고함이 있었지요.

　김 권사님이 돌아가신 후에는 막다른 골목에 다다른 심정
이었어요. 학생들을 격려하고 위로해야 함에도 적절한 말을
찾지 못했지요. "수고한다", "평안이 있길 바란다", "예수님
을 잘 믿어야 한다"라는 말은 했지만 별로 파워가 느껴지지
않았어요. 좌절감을 많이 느꼈지요.

　한국에 온 지 10년이 되던 1971년, 우리는 변화를 위한 시
간이 필요하다고 판단했어요. 그래서 1년간 미국에 가서 재

충전을 하고 오기로 했지요.

미국 장로교 선교사는 5년의 사역을 마치면 미국에서 1년간 안식년을 보내요. 나중에 들었는데 데이빗은 안식년 동안 하나님께 이렇게 말씀드렸다고 해요.

'이 시간 동안 성령님이 역사하시지 않으면 저는 선교를 그만두겠습니다.'

우리가 데이트하던 시절, 데이빗이 내게 다이아몬드 반지를 사주려고 여름방학 동안 한 백화점에서 아르바이트를 했었나 봐요. 일을 아주 잘했는지 주인이 신학을 그만두면 자기에게 오라고 했대요. 매니저를 시켜주겠다고요. 그 일이 생각나서 '하나님이 역사해주시지 않으면 저는 아이비스백화점에 가서 일하겠습니다'라고 했답니다.

그만큼 성령님의 역사가 간절했어요. 나도 영적으로 식어 있었어요. 기도생활은 아이들 잠자기 전에 기도해주는 것이 전부였고, 성경은 영어 성경공부 모임을 인도할 때만 보았지요. 영적인 상태가 너무 안 좋다 보니 학생들을 가르치면서 가끔 졸기도 했어요. 그래서 하나님께 '저 혼자는 정말 못하겠어요'라고 말씀드렸어요.

둘 다 영적으로 정말 곤고한 시기였습니다. 부부 사이도 관계보다는 일과 손님 대접 중심으로 돌아갔어요. 부부가 함께하는 시간보다 학생들과 함께하는 시간이 더 재미있었지요. 목사나 선교사들은 대개 일이 잘 안 되면 하나님께 먼저 구하기보다 공부하기로 결정하는 일이 많아요. 그러면 사역을 더 잘할 수 있을 거라고 생각해서요.

데이빗도 안식년 동안 선교학을 공부하고 싶어 했어요. 그런데 하나님께서 '너는 누구를 위한 공부를 하고 있느냐'라고 물으셨지요. 그래서 결국 공부를 내려놓게 되었습니다.

곤고함에서 벗어나 사역과 삶에 다시 열정이 생기도록 하나님이 베푸신 은혜에 대해 듣고 싶습니다.

어느 날, 〈타임〉과 〈뉴스위크〉라는 잡지를 우연히 보았어요. 종교뉴스난에 성령세례에 대한 기사가 실렸더군요. 히피로 살던 100여 명의 사람들이 예수님의 사람으로 바뀌어서 침례를 받았다고 했어요. 사진을 보니 침례를 받은 사람들이 바닷가에서 손을 들고 서 있고, 그 중 한 사람이 침례를 받고 "할렐루야!" 하면서 나오는데, 그 얼굴이 얼마나 빛나 보였는지 몰라요. 나는 그 사진을 보면서 간절히 기도했습니다.

'주님, 우리도 미국에 가서 이런 은혜를 꼭 받아야 합니다.'

우리는 미국 애틀랜타 에모리대학의 '예수운동'(Jesus Movement) 모임에 참석했어요. '예수운동'은 이름 그대로 '오

직 예수!'라는 원초적 신앙으로 돌아가자는 새로운 부흥운
동이었지요. 장로교에서 성장한 우리는 교회에서 배운 적 없
는 '성령세례'라는 생소한 용어를 그곳에서 접했어요.

성령세례를 받고 싶은 사람들을 위한 모임이 있었는데, 어
느 아파트에 30명쯤 모였던 것 같아요. 의자를 뒤쪽으로 물
리고 바닥에 앉아서 찬양하며 모임을 가졌지요.

그리고 마치 연인에게 받은 편지를 읽듯 신중하고 열정적
으로 성경을 읽었어요. 그 모임에서 병 고침의 기적도 많이 일
어났답니다. 양쪽 다리 길이가 달랐던 한 사람의 다리가 신
기하게 똑바로 맞춰지는 광경을 목격했어요.

우리가 그 모임에 나간 지 2, 3주쯤 되었을 때, 모임을 인도
하던 젊은 형제가 데이빗의 어깨에 손을 얹으며 말했어요.

"데이빗, 언제든지 필요하면 말해요. 우리는 당신과 함께
기도하고 싶어요."

그러나 우리는 "아유, 괜찮아요"라고 했지요. 사실은 하
나도 괜찮지 않았지만요. 10년 동안 선교를 했지만 결실이
없어 얼마나 막막한지 말하기가 부끄러웠던 것 같아요. 그
러나 우리는 성령에 대한 책을 50여 권 정도 읽고, 성경을 다
시 읽으며 성령을 사모하게 되었습니다.

성령세례의 은혜를 간절히 사모하던 때

3일 동안의 캠프를 마치고 나를 위해 기도해주시던 목사님이 하루 먼저 집에 가셨는데, 밤에 전화를 하셨어요.

　"엘렌, 오늘 밤에 하나님의 언어를 기대해요. 내일 밤에 당신도 방언을 하게 될 거예요."

　그 말을 들으니 기대가 되더군요. 다음 날, 데이빗이 다니던 교회의 성가대 지휘자가 우리를 위해 기도해주었어요. 그런데 내 순서가 다가오자 이런 마음이 들었어요.

　'하나님, 마음이 바뀌었어요. 안 할래요.'

　그 순간 나와 같은 방에 있던 데이빗이 좀 이상해 보였어요. 아픈 것 같았지요. 너무 힘들어하니까 다른 형제들이 그를 데리고 나갔어요. 밖에서 따로 기도해주려고요. 내가 'No' 하는 순간 갑자기 데이빗이 아픈 것을 보고, 나는 기도를 받아야겠다고 마음을 바꿨어요.

　그때 나를 위해 기도해주신 분은 어린아이 같은 마음을 가지셨어요. 그도 방언을 시작한 지 얼마 안 된 것 같았지요. "아바바바바바브브브모모~" 하며 따라하라고 하기에 그를 따라했어요. 그러자 다음 사람한테 가서 또다시 기도해주시더라고요.

　데이빗도 기도를 받았습니다. 그러자 목자가 어린 양을 안듯 주님이 껴안아주시는 것 같았다고 해요. 그리고 '너는 내 것이다. 방해되는 것을 모두 제거하고 널 쓰겠다'라는 하나님의 음성을 들었습니다. 그리고 그는 방에 들어갔지요. 곧 찬양이 흘러나오며 인도자가 모두 함께 기도하자고 했고, 같이 있던 사람들은 몸을 움직이기도 했어요. 나도 자연스럽게 춤을 추었어요. 다른 사람의 시선을 개의치 않고 나름대로 몸을 움직였지요. 너무 좋은 시간이었어요.

그렇게 은혜 충만해서 방에 들어가니까 데이빗이 편안하게 자고 있더군요. 나는 불을 끄고 침대 옆 의자에 앉아 조용히 성령님의 임재 안에 있었지요. 그러던 중에 갑자기 나도 모르게 입술이 움직이며 방언을 하게 되었습니다.

하나님께서 그 방안에 나와 함께 계시는 것이 생생하게 느껴졌어요. 왜냐하면 데이빗이 어두운 방에서 자고 있었고, 밖에도 빛이 없었는데 그의 모습이 다 보였어요. 정말 불이 켜져 있는 것처럼 다 보였습니다. 놀라운 경험이었지요.

성령세례를 받으신 다음 사역과 삶에 일어난 변화에 대해 듣고 싶어요.

우리는 1972년 1월, 같은 날 동시에 성령세례를 받았습니다. 10년간 인간적인 힘과 지혜를 다해 선교사로 일했었지요. 열심히 준비했고, 오랜 시간 일했으며, 주의 깊게 계획을 세웠고, 학생들의 이야기를 관심 있게 들어주었습니다. 그러나 충분하지 않았지요. 인간적인 노력에는 한계가 있었어요.

하나님은 호세아에게 "네가 나로 말미암아 열매를 얻으리라"(호 14:8)라고 말씀하셨지요. 마침내 성령세례로 모든 열매를 만들어내시는 주님과 친밀하게 되는 문이 열렸어요.

성령세례를 받은 후에 성령이 인도하는 곳으로, 그분이 선택하는 방식대로 따라가자 우리는 두려움과 의심에서 자유로워졌어요. 비로소 성령이 우리 안에 역사하시기 시작하셨지요.

오직 성령의 열매는
사랑과 희락과 화평과 오래 참음과
자비와 양선과 충성과 온유와 절제니
갈 5:22,23

이 말씀처럼 우리는 성령을 통해 점차 예수 그리스도의 성품을 닮아갔습니다. 우리는 방언으로 말하고 기도하며 노래하는 축복을 받았지요.

방언의 은사는 성령의 다른 은사들이 우리 삶에서 활동하도록 문을 열어주는 은사라고 믿어요. 방언을 사용하면 할수록 주님과 더 친밀해질 수 있지요. 우린 방언기도를 통해

주님과 영적으로 더욱 가까워질 수 있었습니다.

또 사역의 방향이 바뀌었어요. 성령세례를 받은 후에 하나님께서 우리에게 선교사로서 한국인을 섬길 뿐 아니라 '한국인들을 열방으로 나가는 선교사가 되도록 훈련하라'는 마음을 심어주셨어요. '선교사를 세우는 선교사'가 되라는 부르심이었지요.

처음 한국 땅을 밟았을 때는 새로운 곳에 대한 흥분과 모험심이 있었다면 성령세례 후에는 '이 나라는 내 나라, 내 땅이며 이들은 내 백성'이라는 확실한 마음을 갖게 되었답니다.

그리고 누군가가 우리에게 "네 집은 찬양의 집이 될 것"이라고 예언해주었어요. 이것은 후에 그대로 이루어졌습니다. 우리 집에서 예수전도단 화요모임이 시작되었거든요. 그렇게 하나님의 계획이 성취됐지요.

1972년 6월, 우리는 안식년을 마치고 한국에 돌아왔어요. 물론 사역의 주된 방향을 선교사를 훈련시켜 타민족에게 파송하는 것으로 잡았지요.

"내가 너로 큰 민족을 이루고 네게 복을 주어 네 이름을 창대케 하리니 너는 복의 근원이 될찌라"(창 12:2, 개역한글)라는 말씀처럼 한국인들이 복의 근원이 돼야 한다는 생각이 확고해졌어요. 이를 위해서 우리는 모든 것을 성령의 인도하심에 맡겼습니다.

오대원 목사님은 예수원을 설립한 대천덕 신부님과 어떤
관계이신지요?

성령으로 은혜 받고 나서 데이빗이 꼭 하고 싶었던 일 중 하
나가 대천덕 신부님을 만나는 것이었어요. 1961년에 한국
에 오자마자 대천덕 신부님과 데이빗이 신학교에서 만났었
나 봐요. 그때 신부님은 성공회신학교를 맡고 계셨어요.
　지금도 데이빗은 그때 얘기를 자주 해요. 서로 첫인상이 별
로였다고요. 데이빗은 신부님이 '좀 이상하다'고 생각했고,
신부님은 그가 '가망 없다'고 생각했대요.
　성령세례를 받은 후에 데이빗이 예수원을 찾아가서 은혜 받
은 것을 말씀드리니 대천덕 신부님이 이렇게 말씀하셨어요.
　"지난 10년 동안 하나님께 로스 목사 부부를 성령으로 감
동시켜서 차고 넘치게 해달라고 간구했습니다. 그리고 기도
가운데 당신들이 성령을 체험한 사실을 알게 되었습니다."
　그 얘기를 듣는데 정말 고마웠어요. 사실 신부님은 데이빗
을 위해 5년쯤 기도하다가 포기하려고 하셨대요.
　'아무래도 데이빗 목사는 가망이 없을 것 같습니다. 이제
그만 기도하고 싶습니다.'
　그런데도 하나님께서 계속 기도를 시키셨대요. 그 일로 우
리는 굉장히 친해졌지요. 신부님은 우리의 멘토가 되셨어요.

신부님과 맺은 인연은 예수전도단을 설립한 이후에도 지속됐어요. 신부님은 한 달에 한 번 정도 예수전도단에 와서 강의를 해주셨고, 예수전도단은 예수원에서 전도학교를 한 달간 여는 등 두 단체는 지속적으로 관계를 이어갔지요.

6개 대학에 기도모임이 생긴 후로 전도학교도 만들고, 대천덕 신부님과 같이 전도도 했어요. 예수원에서 전도학교를 하던 중, 두 분이 단체 이름을 의논하셨어요. 대천덕 신부님이 말씀하셨죠.

"예수원은 예수님을 공부하고 기도하는 장소(Abbey, 영국식 수도원)라는 뜻입니다. 하지만 당신들의 부르심은 '전도'라고 하니 '예수전도단'으로 하면 어떨까요?"

그렇게 해서 1973년에 '예수전도단'이라는 공식적인 이름이 예수원에서 선포됐습니다.

화요일의
기적

예수전도단 화요모임을 사모님 댁에서 시작했다고 들었어
요. 어떻게 시작하게 되었나요?

맞아요. 안식년을 마치고 한국에 돌아온 다음 우리 집에서
화요모임을 시작했답니다. 당시 우리의 믿음으로는 그렇게
할 생각을 못했을 거예요. 그 무렵 한국 선교부 총책임자가
세계의 선교사들을 총괄하는 책임을 맡아 미국으로 들어가
게 되었어요. 그래서 그분이 살던 집을 우리가 사용하게 됐
지요.

그 집은 일반 선교사의 집보다 훨씬 컸어요. 화장실이 3
개였고 샤워도 할 수 있었어요. 덕분에 그곳에서 화요모임
을 계속하게 됐고, 팀 멤버들도 생겼어요. 성령의 역사가 많
이 일어났답니다. 방언기도가 열리고 병이 치유되는 역사가

일어났지요. 1972년에 계엄령이 내려지고 서울공대에 다니던 지방 출신 학생들은 집으로 거의 다 내려갔을 때입니다. 그때 5명의 기독학생들이 남아서 우리 집에서 살았어요. 아침부터 밤까지 말씀을 보고 찬양하고 기도했지요.

그 후에 시내에서 또 다른 학생들이 찾아왔어요. 5명, 10명, 20명, 50명, 100명이 왔지요. 사실 우리가 화요일에 모이는 이유는 교회의 수요예배와 금요철야 등 사역의 중복을 피하기 위해서였어요.

화요모임이 커지면서 서울대 연합기독학생회와도 관계를 맺었습니다. 데모하던 학생들이 간혹 우리 집에 찾아와 머물러서 형사들이 모임을 감시하는 일도 있었지요. 우리는 집회에 참석한 형사들을 오히려 공개적으로 환영했어요.

그때는 우리도 영적으로 어려서 사람들이 성령세례를 받도록 도우려면 어떻게 기도해야 할지 몰랐어요. 그런데 마침 미국에서 성령세미나 때 함께 은혜 받은 분이 우리 집을 방문해서 기도모임을 인도해주었지요.

우리도 따라서 기도를 했는데 놀랍게도 성령의 불이 붙었습니다. 사람들이 성령세례를 받자 모임이 성령으로 충만해졌지요. 그가 온 것은 하나님의 계획하심이었던 것 같아요.

이후 예배 장소를 연희동 외국인학교 내의 수양관, 서울역 앞 여성절제회관을 거쳐 1975년에는 명동 YWCA 회관 강당으로 옮겼지요. 명동 시절엔 1,200명가량 모였던 것 같아요. 강당 의자가 450석뿐이어서 앞에다 돗자리를 깔고 앉았고, 통로와 뒤편까지 모두 꽉 찼으니까요.

연희동 수양관에서는 매일 아침 6시에 성경공부를 했는데, 먼 지역에 사는 학생들도 찾아왔어요. 우리는 학생들과 함께 먹고 자며 공동체 생활을 했습니다. 문득 예전에 대천덕 신부님이 하신 말씀이 생각났어요.

"전 세계의 누구든지 성령에 대해 관심 있는 사람이 한국에 오면 연희동 수양관을 찾을 것입니다."

왜 그렇게 많은 회중이 모였는지 생각해보았어요. 모임이 성령충만한 젊은이들의 지도력으로 움직였기 때문인 것 같아요. 젊은이들은 '한국이 세계선교의 전초기지가 될 것'이라는 기대감으로 열심히 기도하며 선교 열정을 불태웠지요. 이후 모임에서 세계선교를 위해 나가는 수많은 목사와 선교사들이 배출되었습니다.

화요모임을 통해 예배와 기도, 말씀과 교제가 어우러진 현대적 예배가 시도되었고, 미국에서 들여온 복음성가(성경 구절로 찬양하는 것)가 예배에 처음으로 도입됐어요.

당시 일어서서 박수를 치며, 무릎을 꿇고 손을 들고 찬양하는 모습은 매우 파격이었지요. 교단과 교파를 초월해 모이고, 교회와 열방을 위해 기도하는 것도 젊은 그리스도인에게 신선한 충격이었던 것 같습니다. 또 우리는 방언으로 기도하고 찬양했어요.

당시 성령세례와 성령충만을 위해 기도하는 것 역시 파격이어서 많은 대형교회에서 공개적으로 "예수전도단 화요모임에 가지 말라"라고 말할 정도였지요. 그러나 우리가 모일 때마다 하나님께서 매번 놀랍게 역사하심으로 예수님 영접, 성령세례, 치유가 일어났습니다.

명동 YWCA에서 모일 때였어요. 어느 날 한 여자가 와서 말했어요.

"지난주 모임 때 제 병을 고쳐주셔서 감사해요."

모임 다음 날 병원에 가서 검사를 했는데, 병이 다 나았다는 확진을 받았다는 거예요. 그래서 내가 말했지요.

"미안하지만 우리는 지난주에 환자를 위한 기도를 하지 않았어요."

그랬더니 그녀가 이렇게 말하더군요.

"제가 손을 높이 들고 찬양할 때 주님이 제게 오셔서 치유하셨어요!"

그런 역사가 화요모임에서 많이 일어났어요. 또 학생들이 노방전도도 많이 했고요. 화요일 오후에 팀을 이루어 전도하러 나가면 새로운 사람들을 데려왔어요.

1975년 명동 YWCA 회관에 모여 드린 예배

예수전도단 초창기부터 세계선교후원회가 있었다고 들었는데 맞나요?

맞습니다. 문병현 장로님과 김요경 권사님 부부가 예수전도단을 위해 만 명의 중보기도자를 일으키겠다고 하면서 시작되었지요. 그 분들은 실제로 몇 천 명의 중보기도자를 일으키셨어요. 참 귀한 분들이에요.

그 분들을 이어서 지금도 예수전도단에서 훈련받고 은혜를 경험한 이들이 중보기도자로 전국 각지와 세계 곳곳에서 계속 일어나 기도를 쉬지 않고 있지요.

세계선교를 위한 중보기도 모임인 '아굴라, 브리스길라'도 거기서 시작되었답니다. 이 모임은 기도만 한 것이 아니라 공부도 같이 했어요.

김요경 권사님은 대단한 분이었어요. 여성들의 중보기도 모임인 브리스길라를 일으켜서 잘 이끄셨지요. 브리스길라에서는 예수전도단 사역과 사역자들을 위해 경제적으로도 많이 후원해주었어요. 그 분들의 동역은 예수전도단에 없어서는 안 될 큰 산맥과 같습니다.

예수전도단 창립 초기엔 하나님을 찬양하고 그분의 말씀을 공부하는 일에 중점을 두었지요. 그러다가 1973년 여름에 전도학교를 처음 시작했어요.

전도학교는 3주 동안 성경을 배우고, 배운 것을 실천하는 학교입니다. 먼저 모여서 하나님의 원칙과 어떻게 복음을 전할 것인지를 공부했지요. 그리고 10일 동안 전국 각지로 흩어져 전도를 했습니다.

우리는 전도할 곳을 미리 정하지 않고, 지도를 펼쳐 들고 어디로 갈지 하나님 음성을 듣고는 마음이 일치되는 곳으로 떠났습니다. 당시 외국에서 원조를 받지 않는다는 원칙을 세웠기에 돈이 없으면 없는 대로 떠났는데, 하나님께서 충분히 채워주셨지요.

태백 황지로 30여 명이 전도여행을 갔을 때였어요. 황지에서 광주를 거쳐 서울로 돌아오기로 했지만, 돈이 없어서 더 이상 갈 수가 없었지요. 그런데 황지역 시계탑에서 찬양하는 우리에게 양복 입은 한 신사가 다가와 말했어요.

"제가 원래 교회에 다니는데, 요즘 교회를 못 나가고 있습니다."

그러면서 봉투를 하나 주었어요. 열어보니 광주에서 서울까지 가고도 남을 금액이 들어있었지요. 남은 돈을 교회에 헌금할 정도로 많았습니다. 하나님의 관대하심을 느낄 수 있었지요. 전도여행은 하나님의 선물이었습니다. 학생들은 성령님의 놀라운 은혜를 체험했고, 감사를 배웠지요.

전도학교 이야기를 하다 보니 또 한 가지가 생각납니다. 어느 해 크리스마스 이브였어요. 예수님의 탄생을 기뻐하며 의미 있는 성탄전야를 보내고 싶었지요.

그래서 이날 성령세례를 받지 못한 학생들을 위해 중보기도를 하기로 했습니다. 나름대로 멋진 계획이라고 생각했지요. 70여 명이 모여 뜨겁게 기도했습니다. 그런데 데이빗이 기도하는 중에 하나님께서 말씀하셨어요.

'너희 모임의 이름이 예수전도단인 것을 기억하니? 그런데 1년 중 가장 중요한 이 밤에 왜 증거하러 나가지 않니? 성탄전야에 수많은 젊은이가 모이는 곳으로 나가야지. 지금 당장 명동으로 나가라.'

그 말씀을 듣고 데이빗도 생각했어요.

'그래! 맞아. 그동안 하나님을 찬양하고 성령충만을 위해 기도했지만 전도는 하지 않았구나. 이제 복음을 들고 세상으로 나갈 때다.'

그는 학생들에게 주님의 말씀을 전하고는 명동으로 나가자고 말했지요. 70여 명이 명동으로 몰려갔어요. 성탄전야의 명동은 젊은이들로 가득했지요. 학생들은 둘씩 짝을 지어 다방마다 들어갔어요.

주인의 허락을 구하고 전도를 했고, 허락하지 않을 때엔 차를 마시며 주위 사람들에게 복음을 전했지요. 학생들은 다방에서 아는 친구들을 많이 만났지만 하나님께서 쑥스러움을 없애주셔서 용감하게 전도했어요. 그날 많은 젊은이들이 그리스도를 영접했습니다.

전도를 하고 돌아와 성령세례를 또다시 구했는데, 놀랍게도 그날 전도하러 나갔던 학생들이 모두 성령세례를 받았어요. 당시 학생들은 필사적으로 기도했지요. 그들은 기독인으로 살아가기 위한 힘이 필요하다는 믿음을 가지고 기도했습니다.

오직 성령이 너희에게 임하시면
너희가 권능을 받고 예루살렘과 온 유대와
사마리아와 땅끝까지 이르러
내 증인이 되리라 하시니라

행 1:8

예수전도단 사역이 어떻게 확장되었는지 궁금합니다.

이후부터 주로 말씀, 중보기도, 찬양, 전도에 초점을 두고 사역했지요. 서울대, 이화여대, 고려대, 연세대, 중앙대, 수도여자사범대(지금의 세종대), 경희대, 한국외국어대, 숙명여대 등 캠퍼스에서의 전도 사역도 활발히 이뤄졌어요.

우리는 많은 대학 교수들이 우리와 함께 일하는 것을 기뻐한다는 사실에 놀랐어요. 그들 중에는 중앙대학교 최재선 교수님과 그의 아내 홍관옥 권사님이 있었습니다. 그 분들의 사역을 통해 캠퍼스 전체가 하나님의 영광으로 가득 찼어요. 그 분들은 현재 목사가 되어 계속 사역하고 있습니다. 그때부터 우리는 한국 전역의 많은 교수들과 함께 세계 복음화에 참여하는 축복을 받았습니다.

캠퍼스 사역은 10여 명의 전임간사와 자원자들로 진행됐지요. 지금은 전국의 캠퍼스뿐만 아니라 세계 40여 개 나라까지 캠퍼스 사역이 확장되었다고 알고 있습니다. 나는 홍장빈 간사와 허진원 간사가 국제 대학사역(Campus Ministry International, CMI)을 시작하고 전 세계로 이 귀한 사역을 확장하는 것을 지켜보았습니다.

수많은 한국인 간사들뿐 아니라 많은 나라에서 현지인 대학사역자들이 많이 일어나 자신의 나라를 제자화하고 또 다른 제자를 낳는 제자로 헌신하고 있는 모습에 박수를 보냅니다.

예수전도단 초창기에는 캠퍼스에 한국인 전임간사가 막생길 무렵이어서 직장인 전도학교를 열었습니다. 직장인들이 한 달 동안 우리 집에서 먹고 자면서 출근하고 새벽과 밤에 공부했어요. 이 모임이 점점 커져서 나중에 장소를 경기도 역곡에 있는 새소망소년의집으로 옮겼지요. 대학 캠퍼스 사역이 직장인을 훈련하는 데까지 확장되었습니다.

당시 우리는 매일 기적을 체험했어요. 많은 사람들이 구원을 받고 치유를 받았으며 악한 영에서 자유함을 얻었습니다. 너무나 많은 간증이 있었지만 우리는 이것이 하나님의 놀라운 사역의 일부분임을 깨달으며 겸손해져야 한다고 생각했지요. 성령님은 하나님께 순종하는 보통 사람들을 통해서 일하셨습니다.

전도하는 중에 특별한 경험이 많았지요?

나는 아이들을 돌보느라 지방 전도여행에는 동행하지 못했지만 데이빗에게 모든 이야기를 전해 들었지요. 그 즈음에 있었던 한 사건이 생각나네요.

서울공대에서 사귄 고(故) 황희융 교수님은 컴퓨터공학과 교수였고, 교양 과정도 담당했지요. 하나님을 아주 열심히 믿는 분이었어요. 우리는 그 분을 'KS마크 박사'라고 불렀지요. 그가 모든 연구를 미국이나 유럽이 아니라 한국(Korea)의 서울(Seoul)대학교에서만 했기에 붙인 별명이랍니다.

그는 컴퓨터가 처음 들어올 때 서울대학교에 컴퓨터연구소를 만들었고, 나중에 서울벤처정보대학원대학교의 총장을 역임하기도 했지요.

우리는 1968년에 처음 그를 알게 됐어요. 1972년에 성령체험을 하고 다시 만났을 때 우리는 알았지요.

'아, 이 분도 같은 체험을 하셨구나.'

예수전도단을 시작하면서 데이빗은 국내 전도여행을 많이 다녔어요. 한번은 전라남도 곡성을 갔는데, 황 교수님도 동행했지요. 그 분은 거의 미치도록 예수님만 사랑하셨어요. '그리스도를 위한 바보' 같았지요.

교수님은 기차를 타고 전도여행을 갈 때면 열차 칸마다 다니면서 여자 분들에게 이렇게 전도를 하셨답니다.

"화장하시죠? 비싼 돈 주고 화장품 안 사도 돼요. 예수님 사랑으로 화장하면 아름다워져요."

전도단이 곡성의 작은 마을에 있는 조그만 교회에 도착했을 때였어요. 낮에는 집집마다 방문하며 축호전도를 하고,

밤에는 부흥집회를 하기로 했답니다. 그 교회에는 청년들이 10명쯤 있었어요. 하지만 예수님이나 성령님에 대해 전혀 관심이 없었지요. 예수님을 영접한 것도 아니고요.

그런데 낮에 축호전도를 하면서 보니까 사람들이 한 집에는 안 들어가더래요. '귀신 집'이라고 하면서요. 우리 팀이 들어가 보니 연세 많은 노부부가 병으로 누워계시는데, 돌아가시기 직전이더랍니다.

동네 사람들이 그 집에는 절대 들어가지 않고 음식만 대문에 갖다 놓고 가더래요. 그런데 하루는 그 집의 할아버지한테 연락이 왔어요. 자기들을 위해 기도를 해달라고요. 서울에서 예수 믿는 사람들이 왔다고 하기에 무당과의 약속을 취소했다고 하면서요.

우리 팀이 그 집에 가려고 하는데 그 지역 교회 청년들은 안 가겠다고 했답니다. 자기들은 능력이 없다면서요. 그때 "너희는 하나님께 속하였고 또 그들을 이기었나니 이는 너희 안에 계신 이가 세상에 있는 자보다 크심이라"(요일 4:4)라는 말씀을 붙들고 기도한 지 10분 만에 청년들이 모두 성령세례를 받았답니다.

그리고 나서 시골교회 청년들을 포함해 20명이 그 귀신 집으로 갔는데, 방이 좁아서 모두 앉을 수도 없어 노부부를 둘러섰어요. 간신히 손을 들고 찬양을 부르다가 한 여학생이

할 줄도 모르면서 예수 이름으로 선포했고, 다른 사람이 주님께 그들을 고쳐달라고 기도를 했습니다.

그런데 아무 일도 안 일어나더래요. 우리 팀과 시골교회 청년들은 좀 실망한 채 교회로 돌아왔어요. 마을 교회 전도사님은 "우리가 기도했으니 주님이 낫게 해주실 것"이라고 했지요.

우리 전도팀이 서울로 돌아온 지 3주 만에 그 전도사님에게서 편지가 왔어요. 노부부가 예수님을 영접하고 새벽기도회에 나오신다는 거예요. 병이 다 나은 것이지요. 그 분들은 2년쯤 건강하게 사시다가 같은 날 돌아가셨어요.

사시는 동안 교회에 잘 나오시니까 동네 사람들도 그 집을 '귀신 집'이라고 하지 않고 '예수 집'이라고 부르게 됐고요. 목회자도 신학자도 아닌 젊은 사람들이 말씀대로 믿고 행하니까 귀신이 나가는 것을 체험한 것입니다.

당시 그런 기적이 정말 많았어요. 젊은이들이 길가에 나가서 앉은뱅이나 눈 먼 사람을 고치는 역사도 일어났지요. 하지만 우리는 그런 치유 기적을 굳이 강조하지 않고, 계속 말씀과 성령 가운데 기도하고 찬양했어요.

국제 YWAM과의
연합

예수전도단과 국제 YWAM은 어떻게 만나게 되었나요?

1973년 9월, 국제 YWAM 선교봉사단이 한국을 방문
했어요. 로렌 커닝햄(Loren Cunningham), 딘 셔만(Dean
Sherman), 조이 도우슨(Joy Dawson)을 비롯한 180명의 대규
모 선교봉사단을 만났을 때 '우린 하나'란 생각이 들었지요.
그들은 우리와 똑같이 기도하고 찬양하며 전도했고, 하나님
의 음성을 들었습니다.

예수전도단 멤버들은 국제 YWAM 팀과 함께 서울, 광주,
부산, 대구 등에서 한 달 동안 전도했어요. 매일 오전에는 다
같이 모여 조이 도우슨과 로렌 커닝햄의 강의를 들으며 말씀
에 대한 갈급함을 채웠지요.

이들과 함께하며 우리 단원들은 열방을 향한 뜨거운 마음

을 배우게 됐어요. "모든 열방을 제자 삼으라"고 하신 하나님의 말씀에 더욱 깊이 헌신하는 계기가 됐지요. 당시 국제 YWAM은 한국에 지부를 세울 계획이었습니다. 그래서 조이 도우슨이 데이빗에게 물었어요.

"로스, 기도하는 가운데 한국 리더로 당신을 떠올리게 되었습니다. 한국 지부를 맡아주시겠습니까?"

하지만 남편은 기도하는 중에 마음에 평안이 없더래요. 그래서 선교봉사단이 떠나기 전날 밤에 그들을 찾아가 요청을 정중히 거절했습니다.

오랜 시간이 흐른 뒤에 이 모든 일은 한국 YWAM의 리더로 한국인을 키우고 세우시려는 하나님의 계획이었음을 알게 됐지요. 만약 그때 그들이 한국 지부를 개척했더라면 한국인의 리더십을 성장시킬 기회가 줄어들었을 것입니다.

또 언어와 문화적인 장벽은 물론 한국인의 성향에 적합한 훈련을 제공하는 데도 어려움이 따랐겠지요. 그래서 우리 부부는 우리가 아닌 한국인을 리더로 세워야 한다고 생각했습니다.

그래서 1974년부터 2년여 동안 조이 도우슨을 비롯한 국제 YWAM 리더들을 초청해 강의를 듣는 기회를 여러 번 가졌어요. 당시 국제 YWAM의 모든 원칙, 즉 중보기도, 하나님의 음성을 듣는 법, 하나님을 경외하는 마음 등은 조이 도

우슨이 만든 것이었지요. 그녀는 직접 한국에서 영적 지도자 세미나를 인도하는 열의를 보여주었습니다.

1979년에 우리는 다시 안식년을 맞아 세 자녀를 데리고 미국으로 갔어요. 우선 국제 YWAM 본부가 있는 하와이를 방문하여 보름 동안 머물렀지요. 하와이 코나에서 인생의 갈림길에 있는 35세 이상의 사람들을 위한 '제자훈련 과정'에 참여하면서 다시 한번 국제 YWAM과의 연합을 생각하게 됐습니다.

그들과 영적인 일치감을 누리며 '이렇게 한마음이 될 수 있는 지도자들과 일하고 싶다'라는 마음이 커져갔지요. 이를 위해 우리는 함께 기도했어요. 그리고 1979년 9월 24일, 하나님께서 구약성경 학개서 2장 18,19절 말씀을 주셨습니다.

너희는 오늘 이전을 기억하라
아홉째 달 이십사 일
곧 여호와의 성전 지대를 쌓던 날부터 기억하여 보라
곡식 종자가 아직도 창고에 있느냐

포도나무, 무화과나무, 석류나무, 감람나무에

열매가 맺지 못하였느니라

그러나 오늘부터는 내가 너희에게 복을 주리라

학 2:18,19

그날부터 열매를 맺게 하시겠다는 약속의 말씀이었지요. 그래서 그해에 장로교 선교사직을 사임하고 예수전도단과 국제 YWAM의 연합을 결정했어요. 그리고 1980년 봄, 태국에서 열린 국제 YWAM 모임에서 공식적으로 두 단체의 연합을 선포했습니다.

예수전도단의 영어 이름은 'YWAM Korea'로 사용하되 국내 이름은 계속 '예수전도단'으로 부르기로 했지요. YWAM과의 연합으로 인한 가장 큰 변화는 열방을 향해 나아가는 믿음의 도전을 받은 것이었어요. 한국이라는 지역적 한계에서 벗어나 해외로 나갈 수 있는 많은 기회를 갖게 됐지요.

예수전도단과 YWAM의 차이점이 있다면, 예수전도단은 단기보다는 장기선교사를 기르는 데 초점을 두었어요. 이후 예수전도단은 제자훈련학교(DTS), 대학생예수제자훈련학교(UDTS), 성경연구학교(SBS) 등 체계적인 훈련을 통해 성장해 갔지요.

열방을 향해 나아가기 위한 YWAM과의 연합

예수전도단 사역이 확장되는 가운데 우리는 힘겨운 시련을 마주해야 했어요. 1986년, 88올림픽을 앞두고 한국 정부는 해외 선교사들이 거리에 많이 다니면 후진국으로 보인다며 선교사들의 활동을 원치 않았습니다.

급기야 우리에게 한국을 떠날 것을 명령했지요. 1961년에 처음으로 이 땅에 발을 디딘 우리는 인생의 마지막 순간까지 한국에 머물고 싶었습니다. 그런 우리에게 정부의 추방 명령은 너무나 충격적이고 가슴 아픈 일이었지요.

그 무렵, 하나님께선 데이빗에게 미리 사인을 보여주셨어요. 1986년 1월, 대만에서 열린 DTS에서 기도하는 가운데 말씀하셨지요.

'이제는 북미와 유럽에 있는 한국인 2세를 위해 일해야 한다. 선교사로 부름 받은 이들이 많은데 그들을 일깨울 사람이 필요하다.'

그러나 우리는 즉시 순종하지 못했어요. 그리고 '언젠가 한국을 떠나야겠지만 그때가 지금은 아닐 거야'라고 생각했습니다. 추방 명령을 들었을 때 '이제 하나님께서 우리를 다른 곳으로 옮기려고 하시는구나' 하고 순순히 받아들였으면 좋았을 텐데, 그렇게 하지 못해서 힘든 시기를 보냈어요.

우리가 바로 떠나지 않자 여러 가지 압력이 가해졌어요. 경찰 관계자가 찾아와 "북한에서 당신을 죽이려 하니 미국으로 돌아가는 게 좋겠다"라고 말하기도 했지요. 신문에는 대학에서 외국인 교수 채용을 하지 않기로 했다는 기사까지 나왔어요.

그리고 명동에서 화요모임을 할 때면 정부에서 감시자를 보냈습니다. 그들이 검은 선글라스를 쓰고 와서 눈에 더 띄었어요. 그래서 특별히 환영하기도 했지요. 아마 그들도 은혜를 받았을 거예요. 자기도 모르게 말이에요.

그런데 이상하지요. 계엄령 시기에도 명동에서 진행된 화요모임은 금지하지 않았어요. 너무 신기했지요. 그래서 추방을 당하는 게 참 이상하다고 생각했어요.

학생들이 데모할 때 들고 나온 깃발 중에 예수전도단 깃발이 보였다는 말도 들었어요. 예수전도단 사람들은 데모를 하지 않았는데 말이지요. 서울공대 기도모임에 데모를 열심히 하는 학생들이 있었는데, 그들이 나중에 다 예수전도단에 들어오기는 했어요. 물론 우리는 그런 사실을 알지 못했지요.

예수전도단이 설립되기 전, 1960년대에 한국에 거주하는 외국인 50여 명이 가끔 모였어요. 그 모임에서는 정부에 대한 얘기도 했지요. 그 중 5명은 미국 대사관에 가서 최루탄 공급을 멈춰달라고 의견을 말하기도 했습니다. 나도 그들 중

한 사람이었지요. 그래서 가끔 데이빗이 내게 '데모하는 사람'이라고 놀리곤 했어요. 그런데 안식년을 지내고 온 후로는 그 모임에 나가지 않았습니다.

사실 우리의 추방은 정부에서 결정한 것이기 때문에 깊은 상처를 받지는 않았어요. 만약 교회에서 떠나라고 했다면 상처가 훨씬 깊었을 거예요. 감사하게도 그런 일은 없었지요.

정부에서 만약 우리의 추방 문제로 학생들이 데모를 하면 한국에 다시는 못 오도록 우리 이름을 블랙리스트에 올리겠다고도 했어요. 그러면서 조용히 나가면 거주는 안 되지만 방문은 허락해준다고 했지요.

그리고 몇 년 후에 정부에서 "이제는 한국에서 살아도 된다"라고 연락이 왔어요. 하지만 하나님께서 한국에 다시 정착할 때가 아니라고 말씀하셨지요. 그 대신에 자주 방문할 수 있어서 참 감사합니다.

우리가 한국에 사는 동안 맺은 사람들과의 관계는 무척 아름답고 좋았어요. 단지 추방됐던 것만큼은 잊을 수 없는 상처였지요. 한국을 떠날 때 아무한테도 연락할 수 없고, 어떤 말도 할 수 없었던 것이 가장 마음 아팠어요.

그리고 추방되어 본국에 돌아갔는데 아무도 우리를 이해하지 못했습니다. 누구에게도 이해 받지 못한다는 것이 매우 가슴 아팠지요.

하지만 나중에 추방과 그 일에 관련된 사람들을 다 용서했습니다.

1986년 8월, 우리 가족은 미국으로 떠나는 비행기에 몸을 실었어요. 25세에 한국에 와서 25년을 살고 떠나게 됐지요. 그 무렵 우리뿐만 아니라 몇 명의 선교사들이 한국에서 추방됐습니다.

사실 한국을 떠난 뒤에 마음의 상처를 회복하기까지 시간이 필요했어요. 우리는 미국에 도착한 후 LA의 한 공동체에서 하루 6시간 이상 말씀을 묵상하면서 보냈지요. 2년 동안 공동체 안에서 상담과 격려를 받으며 회복되어 갔어요.

돌이켜보면 주님을 위해 너무 바쁘게 일하느라 '주님과 함께 일하는 시간'을 가질 수 없었습니다. 주님과 함께 일하는 시간은 주님의 임재를 기뻐하고 그분의 말씀을 듣는 것이지요. 그 시기에 많은 사람들이 "당신들은 너무나 열심히 일하고 있습니다"라고 말했지만 사실 우리는 선교사로서 안주하기 시작했어요.

하나님께서는 이를 기쁘게 여기지 않으셨어요. 그래서 주님께서 다른 무엇보다 우리의 유익을 위해 한국 밖으로 옮기신 거라고 생각해요. 나중에야 그 모든 것이 하나님의 섭리였음을 알게 되었지요. 한국에서 우리를 떠나게 한 것은 정부가 아니라 하나님이셨다고 생각합니다. 우리가 한국에 남아 있었다면 도저히 할 수 없었던 일을 이곳에서 떠났기 때문에 하게 되었거든요.

주님은 우리가 한국의 디아스포라(해외 교포) 사이에서 일하길 원하셨어요. 새로운 문을 열어주실 준비를 하신 것이지요.

추방, 또 다른 사역의
시작

갑자기 추방당해서 힘드셨을 텐데, 그 뒤에 어떤 일이 있었나요?

우리가 한국을 떠난 후, 예수전도단은 더욱 성장했고 사역도 넓어졌어요. 우리 가족 역시 더 강해졌고 서로에 대한 사랑이 깊어졌지요. 우리가 고난으로부터 도망치려 하지 않고, 고난을 우리가 받은 축복 아래 두면 고난도 결국 축복이 됩니다.

하나님은 우리 부부에게 다시 기름을 부어주셨어요. 세계 각국에 흩어져 살고 있는 한국 동포들을 대상으로 선교하라는 커다란 비전을 주셨지요. 우리는 뉴욕에서 8년 동안 청소년과 대학생 사역을 하며 비전을 발전시켜 나갔어요.

한국에서 사역하던 1972-1974년에는 미국의 한인 2세들을 위한 사역이 별로 없었어요. 여름 수양회도 없었고요. 그런데 순복음뉴욕교회와 다른 몇 교회들이 모여 여름 수양회를 열었지요.

중고등학생이 180명 정도 모였어요. 사실 오고 싶어서 온 아이들은 거의 없고, 대부분이 억지로 왔어요. 어떤 목사님이 데리고 와서는 "얘, 사람 좀 되게 해주세요"라고 하는 경우가 많았지요.

그 중에 15세 여자아이가 있었어요. 그 아이는 가출한 상태로, 부모를 미워했어요. 당시 뉴욕에 한국계 갱단이 있었거든요. 진짜 무서운 갱단이었어요. 이 아이가 거기에 들어가서 술도 마시고 마약도 했나 봐요. 그런데 교회 장로님이 억지로 수양회에 데려온 거예요. 이 아이를 좀 도와달라고요.

이 자매는 맨 뒤에 앉아있었어요. 언제든 도망갈 수 있게요. 물론 말씀을 듣지도 않았지요. 수양회 마지막 날 밤은 야외예배로 진행됐는데, 데이빗이 강사로 초청받아 사랑에 대해 가르쳤어요. 그런데 듣는 사람이 하나도 없더군요.

200명 가까운 아이들이 모이니 아주 소란스럽고 정리가 안 되었거든요. 그런데 갑자기 성령님이 임하셨어요. 그러자 이상할 정도로 아이들이 조용해졌습니다.

학생들이 한 명씩 자리에서 일어나더니 서로를 안아주며 용서해달라고 했어요. 앞으로 나와서 예수님을 영접한 아이들, 치유 받은 아이들도 많았고요. 그때 그 여자아이도 과거의 모든 죄를 회개하고, 예수님을 영접했지요. 우리는 마지막으로 다 같이 에베소서 3장에 나오는 바울의 기도를 했어요.

그의 영광의 풍성함을 따라
그의 성령으로 말미암아
너희 속사람을 능력으로 강건하게 하시오며

엡 3:16

수양회 마지막 날에 학생들은 거의 잠을 안 잡니다. 그날도 아이들이 새벽 3시까지 안 잤어요. 그런데 그 여자아이가 두꺼운 이불을 덮고 외치더군요.

"He's holding me(그분이 저를 붙잡고 있어요)!"

그런데 주변에 아무도 없는 거예요.

"Who is holding you(누가 너를 잡고 있다는 거니)?"

"Jesus, Jesus. He's holding me. And he's saying, 'I love you'(예수님, 예수님, 그분이 저를 붙잡고 있어요. 그리고 제게 '내가 너를 사랑한다'고 말씀하세요)."

이후부터 아이가 완전히 변했어요. 예수님이 그 아이 한 명을 만나기 위해서 전체를 모이게 하신 것 같았어요. 아이는 집으로 돌아갔고, 교회도 다니게 되었지요. 학교도 다시 다니고, 예술대학을 나와서 지금은 디자인 회사의 사장이 되었어요. 어떤 책에서 "위기는 위험한 기회"라는 문구를 보았어요. 추방은 우리 부부의 삶에 위험이자 기회가 되었지요. 1980년대 후반부터 하나님께서는 우리가 미국에 머무르며 한인 2세 젊은이들을 위해 사역하기를 원하셨던 것 같아요.

미국에 있는 친구들에게 한국을 떠나게 됐다고 하니까 그들은 오히려 잘됐다고 했어요. 빨리 미국으로 오라고요. 하지만 데이빗은 그 말을 듣고 화를 냈지요. 하나님이 하시는 일이 아니라고 하면서요.

그런데 나중에 돌아보니 미국에서 특별한 일이 많이 일어났어요. 뉴저지의 럿거스대학 한국인 학생 모임과 순복음교회가 연결이 되어서 젊은이들을 위한 캠프를 하게 되었죠.

1981년에 조용기 목사님의 초청으로 뉴욕에 간 적이 있어요. 조 목사님이 매디슨 스퀘어 가든의 제일 큰 강당에서 말씀을 전하게 되었는데, 통역이 필요하니 같이 가자고 하셨거든요. 조 목사님은 우리가 한국에서 사역할 때도 아주 많은 사랑을 표현해주셨어요. 우리에게 사무실이 없을 때 교육관을 빌려주시기도 했습니다.

그 집회에서 아주 재미있는 일이 있었어요. 조 목사님이 자기는 영어로 설교할 테니 데이빗에게 한국말로 통역하라고 하셨지요. 모두가 깜짝 놀랐어요. 사람들이 처음에는 말씀에 집중을 못했어요. 웃느라고요. 한국 사람은 영어로 말하고, 미국 사람은 한국말을 했으니까요.

그때 참석한 목사님들과 부모들이 '하나님이 오대원 목사를 통해 우리 2세들에게 역사하셨으면 좋겠다'라고 생각했나 봅니다. 그런데 그들도 우리가 그렇게 빨리 미국으로 돌아올 줄은 몰랐겠지요.

미국에서 시작한 안디옥 커넥션 사역은 어떤 것인가요?

앞으로 우리가 해야 할 일은 선교훈련이라고 생각했어요. 그래서 1994년, 시애틀에 안디옥세계선교훈련원을 개원했지요. 훈련원은 국제 YWAM 소속단체로 선교훈련, 북한연구학교, 캠퍼스 사역에 중점을 두고 있어요. 하나님의 나라를 위해서 세계선교를 담당할 해외 동포를 훈련시키는 것이 사역의 핵심이지요.

훈련원은 선교사를 훈련하는 '세계선교센터', 선교사와 교회 봉사자들이 재충전하는 '희년쇄신센터', 북한선교를 위한 '뉴코리아센터'로 구성됐어요.

우리는 성령의 선교공동체입니다. 15명의 어린이를 포함한 30여 명으로 구성되어 있는데, 우리는 음식과 물질적인 것뿐만 아니라 삶과 예배와 성경공부, 다양한 영적 은사들을 함께 나누며 살고 있지요.

단순히 주님을 위해서 무엇을 하는 사람이 아니라, 주님이 원하시는 존재가 되길 소망합니다. 하나님은 우리가 서로 사랑하는 공동체가 됐을 때 함께 움직이고 역사해주셨지요.

'세계선교센터'에는 5개월간의 제자훈련학교, 직장인을 위한 4개월간의 주말 독수리제자훈련학교, 셀라성경학교 등의 프로그램이 있어요.

제자훈련학교는 참석자들이 삶과 선교를 준비하도록 돕고 있으며, 한국어와 영어로 진행됩니다. 또한 세계복음화를 위해 어린이들을 훈련시킬 뿐만 아니라 워싱턴대학에서 캠퍼스 복음 사역도 감당하고 있지요.

우리는 전 세계의 기독교 공동체에서 가장 필요한 것이 영적, 감정적, 육체적 치유라고 생각합니다. '희년쇄신센터'는 이를 위해 세워졌어요. 여러 선교단체를 대표하는 선교사들이 6주간의 교육을 받으러 이곳에 옵니다. 그들은 캐나다 로키산맥을 여행하고, 태평양 북서쪽의 아름다운 자연 경관을 바라보면서 재충전하지요.

훈련원의 핵심과제 중 하나는 '북한선교'입니다. 우리는 정기적으로 NKSS(New Korea Servant School, 뉴코리아를 섬기는 일꾼 학교) 과정을 열고 있어요. 우리가 '뉴코리아'라고 하는 이유는, 예수 그리스도의 복음이 강력한 힘을 갖고 한국으로

부터 세계 모든 국가에 나가도록 하기 위해서지요.

하나님께서 다시 한번 남과 북의 백성들이 합쳐지도록 새로운 일을 한반도에 하고 계시다는 것을 믿기 때문입니다.

우리가 '섬기는 일꾼'이라고 하는 이유는, 효과적으로 선교하는 유일한 방법이 바로 섬기는 사역을 통해서이기 때문이에요. 그래서 세계 많은 나라에서 '뉴코리아 세미나'를 개최하고 있지요.

최근에 우리는 북한 내부로 들어가서 선교할 몽골 기독교인들을 훈련시키기 위해 몽골에서 '뉴코리아 캠프'를 열었어요. 하나님께서 하시는 크고 새로운 일의 한 부분이 되는 것에 영광스럽고 흥분된 마음입니다.

고난이
은혜로 변하다

사모님과 목사님이 추방의 아픔을 어떻게 극복했는지 들려
주시면, 지금도 여러 나라에서 추방당하고 배신당하는 사
역자들에게 큰 도움이 될 것입니다. 그런 아픔을 겪을 때
어떻게 해야 할까요?

상처받거나 위험한 일을 겪으면 우리 마음에 분노가 생깁니
다. 그럴 때는 부부 사이도 어려워지지요. 우리는 한국에서
추방되기 1년 전부터 무척 힘들었어요. 데이빗은 한국을 떠
나지 않으려고 애를 많이 썼습니다. 다른 나라에서 여러 경로
를 통해 비자도 받아보려고 했고요. 그런데 소용없었지요.
　추방된 후에 우리는 하와이로 가서 공부를 했어요. 우리는
당시 미국 선교부 소속이 아니라 YWAM에만 속해있었지요.
나는 YWAM 학교 중에서 특히 상담을 공부하고 싶었는데

사역 때문에 기회가 없었어요.

로렌 커닝햄 목사님은 리더들이 지도자 훈련학교 과정을 꼭 거쳐야 한다고 말씀하셨는데 데이빗은 그 과정을 공부하지 못했지요. 그래서 코나에서 그 기간에 데이빗은 지도자 훈련학교, 나는 상담학교에 다녔어요.

그런데 지도자 훈련학교는 메인 베이스에서 열렸고, 상담학교는 그곳에서 멀리 떨어져 있었어요. 그래서 우리는 주말에만 만날 수 있었는데, 그 시간이 제일 힘들었어요. 서로 통화하기도 어려웠고, 목소리만 들어도 눈물이 났지요. 그래도 나는 상담학교를 통해 많은 도움을 받았어요. 그 이야기는 잠시 후에 들려드리죠.

우리가 캘리포니아 패서디나에서 쉬는 동안 콜로라도에서 열린 '사역자 부부 세미나'를 듣게 된 건 정말 하나님의 특별한 은혜였어요. 세미나에 참석하기 이전에 패서디나의 신학교에서 나는 상담을 약간 받았지만 남편은 그럴 마음이 전혀 없었거든요.

한국 땅을 떠난 것은 내게도 힘든 일이었지만 그에게는 몇 배의 아픔이고 고통이었어요. 한국에서의 삶은 사역이자 그를 향한 하나님의 부르심이었기 때문이지요. 때마침 세미나 소식을 듣고 내가 처음으로 데이빗에게 일정을 비워둘 것을 요청했어요.

로렌 커닝햄 목사님과 데이빗

나는 한 달 전에 세미나를 신청하고는 남편에게 100불만 보내달라고 부탁했지요. 무슨 일이냐고 물어도 그냥 "좋은 것이 있어요"라고만 말해줬어요. 당시 데이빗은 꼭 도움을 받아야 되는 상황이었죠. 스스로 상담받기로 결정하기는 어려우니까 우리 두 사람을 위해 내가 결정했습니다.

그리고 세미나에 대해 자세히 알아봤지요. 지금까지 몇 명이 상담을 받았는지 물으니, 500명쯤 받았다고 하더군요. 딱 네 커플만 세미나 신청을 받아서 10일 동안 진행한다고요. 그래서 500명 중 세미나의 효과가 없던 사람은 몇 명이었냐고 물었더니 2명이래요.

당시 데이빗이 어떤 분에게 BMW 승용차를 선물로 받았어요. 구형이었지만 남편이 굉장히 마음에 들어 했어요. 그는 세미나에 그 차를 타고 가자고 했는데, 내가 비행기를 타야 된다고 우겼지요. 차를 타고 가다가 고장이 나거나 무슨 일이 생길지도 모르니까요. 그 무엇도 방해하지 못하도록 만전을 기했어요.

그렇게 세미나에 참석하게 됐고, 너무 좋은 시간을 보냈어요. 세미나 덕분에 일상을 찾을 수 있었으니까요. 부부생활도 좋아졌고요. 세미나는 오전에는 네 커플이 함께 얘기하고, 오후에는 한 부부씩 개인 상담을 하는 식으로 진행되었어요. 네 커플이 모이는 오전 시간에는 일부러 시작 기도도 하지 않더군요. 모임을 끝낼 때만 기도했어요. 기도를 통해 상처를 주고받을 수도 있기 때문이죠. 그렇게 세밀하게 신경을 써주었어요.

그리고 하루는 각자 상담을 받고, 다음 날은 부부가 함께 데이트를 하도록 해주었어요. 너무 편안하고 사랑스러운 시간이었지요. 그곳에서 정말 많이 회복되었습니다. 때로 아내가 주도적으로 어떤 일을 추진해야 할 때도 있는데, 그때가 바로 그랬지요.

어느 날, 남편은 내가 그곳에 오도록 계획하고 추진해줘서 진심으로 고맙다고 말했어요. 그날은 부부끼리 산책하는 날이었어요. 우리는 콜로라도의 상쾌하고 맑은 공기를 마시며 공원 벤치에 나란히 앉았어요. 내가 말문을 열었지요.

"여보, 여기 오기를 참 잘했지요?"

"그래요. 우리가 여기 온 건 정말 잘한 결정이었어요."

"당신이 좋아하니 나도 좋아요."

"그런데 이곳에 오기로 한 건 내 아이디어였지?"

남편이 특유의 유머를 구사했어요. 자신을 이곳에 데려와줘서 고맙다는 뜻이었지요. 유머를 다시 시작한 남편을 보며 정말 감사했어요. 그가 다시 살아나고 있다는 증거였으니까요.

우리 인생에 어려운 일이 생길 때 사람들은 인간적으로 희망이 없다고 생각하지만, 그 일을 통해 하나님의 특별한 계획이 시작될 수 있어요. 우리도 그것을 배웠지요. 젊은이들을 위한 캠프를 시작하게 되었고, 뉴욕에 사는 동안 우리 아이들이 배우자를 만났거든요.

아이들을 모두 결혼시키고 나서 우리는 시애틀로 이사를 했어요. 딸들은 우리를 따라오고 싶어 했지요. 하지만 당시 아이들이 경제적으로 좀 어려워서 우리가 먼저 시애틀에 가고, 막내딸 부부가 따라왔어요. 6개월 된 손녀도 있었는데, 그때 다 같이 좋은 시간을 보낼 수 있었죠(3년을 같이 살다 보니 그 손녀와는 지금도 매우 친해요).

나중에는 큰딸 부부도 시애틀로 이사를 왔어요. 아들은 하와이에서 꼭 살고 싶다며 하와이대학에 진학했어요. 자기 취미나 적성과 맞는 게 하나도 없는데도 말이에요. 그런데 우리가 뉴욕에 살 때 아들이 과학, 특히 엑스레이(영상의학) 쪽에 관심이 있는 것을 알게 됐어요. 그래서 그 계통으로 다시 공부를 했지요.

앞에서 얘기했듯이 내가 공부했던 하와이 상담학교는 시골에 있었어요. 그래서 코나 베이스 사람들과 교제할 수 있는 시간은 주말뿐이었지요. 상담학교에서 공부하는 동안 내가 머무르던 숙소는 리더십이 사용하는 곳이었어요.

우리가 선교지에서 오래 있었고 학교 리더십과도 친해서 배려해주셨던 것 같아요. 마침 그 기간에 숙소를 한 부부만 사용하고 있어서 화장실과 침실이 있는 아래층은 혼자 쓸 수 있었어요.

그곳에서 혼자 지내면서 하나님과 아주 특별한 시간을 가졌어요. 아침에 짧게 경건의 시간(Quiet Time)을 갖고 끝내는 것이 아니라 종일 그런 시간을 보냈거든요. 공부하는 시간도, 다른 사람을 위해 기도하는 시간도 전부 경건의 시간이 되었죠.

상담학교 수업 중에 학생들을 위해 기도하는 시간이 있었어요. 내가 어렸을 때는 얼굴에 표정이 별로 없었대요. 어릴 적 가족사진을 보면 나보다 네 살 위인 언니는 환하게 미소를 짓고 있는데 나는 무표정인 거예요. 그 사진을 볼 때마다 좀 슬펐어요. 몇 살부터 괜찮아졌는지는 기억나지 않아요.

그래서 상담을 하면서 내가 치유가 안 된 부분이 있다면 그것을 발견하고 치유 받을 수 있도록 기도를 부탁했어요. 나를 위해 기도해주던 분이 말했어요. 내가 태어났을 때 누군가 나를 놀라게 해서 깨우려고 큰 소리를 냈는데, 그때 갓난 아기였던 내게 두려움이 들어온 것 같다고요. 그 말을 듣고 나니 내가 어릴 때 왜 미소가 없었는지 이해가 됐어요.

옛날에는 출산할 때 아빠들이 지금처럼 분만실에 들어가지 않았어요. 아버지께 들은 얘기로는, 내가 태어났을 때 울지도 않고 숨도 잘 쉬지 않았대요. 아버지가 분만실 밖에서 기다리는데 간호사가 어떤 기계 같은 것을 분만실로 들여가더랍니다. 그래서 무슨 일이 있냐고 물으니 간호사가 별일 아니라고 거짓말을 했다고 하더군요.

누군가를 위해 기도해주다가 어떤 생각이 들 때가 있잖아요. 사람들은 그것을 특별한 사람에게만 일어나는 일처럼 생각하지만 기도할 때 누구나 어떤 생각이 나면 무시해서는 안 돼요. 될 수 있으면 같이 나누세요. 공적으로 나누기 어려운 이야기라면 개인적으로라도 얘기해야 돼요.

캐시 기스키(Kathy Giske)는 상담학교의 책임자로, 상담수업도 맡고 있었어요. 이 분은 꼭 수업을 15분 정도 일찍 끝내고 학생들에게 예수님이 직접 말씀하고 계시니까 조용히 들으라고 하시더군요. 나는 처음 경험하는 일이었죠. 너무 신기해서 말씀대로 기다리고 있는데 마음에서 소리가 들렸어요.

'I Love You(내가 너를 사랑한다).'

나는 너무 기뻐서 어린아이처럼 밖으로 나가 넓은 학교 운동장을 뛰어다녔어요.

그리고 상담학교에서는 모든 학생이 한 가지 프로젝트를 수행해야 했어요. 성경 전체에서 자기가 닮고 싶은 사람을 한 명 골라 논문을 쓰는 거였지요. 나는 베다니의 마리아에 대해 썼어요. 성경에는 여러 명의 마리아가 나오는데 그녀는 마르다의 동생이었어요. 그리고 예수님이 돌아가시기 전에 향유를 부어 그분의 발을 씻겨드렸지요.

나는 마리아를 존경했고 그녀를 닮고 싶었어요. 논문을 쓰면서 마리아의 언니 마르다에 대해서도 더 깊이 이해하게 됐어요. 동생 나사로가 아플 때 마르다가 예수님 오시기를 청했잖아요. 생각해보면 그녀는 큰 오해를 했을 수도 있어요. 예수님과 가깝다고 생각해서 나사로가 아픈 것을 알린 거잖아요. 물론 어려움을 당하는 것은 하나님의 계획 중 중요한 일부지요.

마르다는 길가에서 예수님을 기다렸어요. 급한 성격이었던 것 같아요. 당연히 그녀도 예수님께 물어봤겠지요. 왜 일찍 안 오셨느냐고요. 물론 나중에는 "지금이라도 역사하실 줄 믿습니다"라고 고백했지만요.

사람들 안에 마르다와 같은 믿음도 얼마든지 있을 수 있어요. 사실 많은 주부들은 마리아에 대한 은혜보다 마르다의 입장에서 동질감을 더 느낄 거예요.

하지만 또한 마리아의 입장에서 생각해보면 그녀도 예수님이 오실 줄 알고 전날부터 많은 일을 했을 거예요. 우리도 손님 대접할 때 밑반찬부터 준비하잖아요. 또 동생이니까 틀림없이 언니를 도와 청소도 했을 거예요. 영적으로 은혜를 받으려고만 들면서 언니를 도우려는 마음이 아주 없지는 않았을 거고요. 그런 내용으로 논문을 쓰면서 큰 은혜를 받았지요.

그런데 그 기간 동안 데이빗은 감정적으로 많이 힘들었나봐요. 내가 느끼기에는 내가 은혜 받은 모습을 주말에 보는 것도 힘들어하는 것 같았어요. 자기는 여전히 아픔 속에 있었으니까요. 그렇지만 이 어려움을 극복하고 끝까지 공부할 수 있었던 걸 감사하게 생각해요. 시간이 흐른 후 우리가 떨어져 지낸 것이 하나님의 계획인 줄 알게 되었어요.

하지만 당시에는 데이빗이 힘들어하는 모습을 보면서 '내가 좀 더 자주 그에게 다녀올까, 아니면 상담학교를 그만둘까' 등 여러 가지 생각이 들었어요. 그때 나와 같은 숙소에 머물던 부부가 우리와 가까운 친구들이었어요. 그들이 내게 이왕 공부를 시작했으니까 끝까지 하는 것이 좋을 것 같다고 격려해주었지요.

하나님이 우리에게 그토록 아픈 기간을 허락하신 것이 지금은 오히려 보람이고 감사한 마음뿐입니다. 하나님과 밀접한 관계가 되면서 1년 동안 힘들었던 것도 견딜 수 있었거든요. 하나님이 붙잡아주시고 함께 계셨으니까요.

그 후에도 나는 따로 집 근처 신학교의 상담학교에서 상담을 받았어요. 상담사가 내 얘기를 들어주는 정도였지만 조용하게 그런 시간을 가진 것도 치유였다는 생각이 들어요.

하나님과 친밀한 관계를 유지하는 비결은 무엇인가요?

우리가 끝까지 흔들리지 않고 지켜야 될 것은 하나님과의 계속적인 대화라고 생각해요. 이해하기 좀 어려운 사람들도 있을 거예요. 하지만 누구나 그런 대화를 할 수 있어요.

또 걱정, 근심, 불평, 남을 고치려고 하는 마음을 없애는 것도 너무 중요해요. 신앙생활과 가정은 매우 밀접한 관련이 있잖아요. 부부싸움을 하면 말씀을 묵상할 마음이 당연히 안 들겠죠. 하나님께 야단맞을까 봐 그럴 수도 있고요.

그래서 나는 늘 '어떻게 다른 사람들을 축복할 수 있을까, 도와줄 수 있을까'를 생각해요. 아마 내게 안 좋은 습관이 있다면 주님과의 연결도 막힐 것입니다. 그래서 될 수 있는 대로 조용히 주님의 인도하심을 기다려요. 이때 속사람이 자랍니다.

감사하게도 내 주변에는 남의 얘기를 즐겨 하거나 부정적인 얘기를 하는 사람들이 별로 없어요. 또 영적으로 도움이 되는 책을 읽는 것과 성경 읽기도 신앙생활에 무척 중요하다고 생각해요.

하나님은 멀리 계신 분이 아니에요. 예수님이 떠나실 때 성령님을 주셨잖아요. 성령이 내 안에 계시니 두려움이 하나도 없어요. 성령님은 내가 올바르게 결정하고 남에게 상처를 주지 않도록 도와주세요. 말할 때도 될 수 있는 대로 듣는 사람의 입장에서 말하게 도와주시고요.

그분은 항상 내 안에 계시기 때문에 아침에 일어나면 "감사합니다"라는 말이 저절로 입에서 나와요. "할렐루야"도 습관적으로 하루에 몇 번씩 고백하는 것이 참 감사해요.

사실 내게 안 좋은 습관이 몇 가지 있는데 그 중 하나가 물건을 계속 잃어버리는 거예요. 시계나 안경, 가방을 잃어버릴 때마다 하나님이 말씀해주세요. 그러면 어떤 때는 '아이, 거기는 아니겠지' 하면서 다른 곳을 찾기도 하지요.

한번은 항상 쓰는 열쇠 꾸러미를 잃어버렸어요. 자동차와 집 열쇠 등 꼭 필요한 것이었지요. 놀라서 찾고 있는데 하나님께서 자꾸 현관 앞에 잘 안 입는 외투나 비옷 등을 두는 옷장을 보라고 하셨어요.

하지만 나는 '설마 거기 있을까' 싶어서 그곳은 보지 않고 온 집을 다 뒤졌지요. 결국 열쇠를 못 찾아서 자물쇠를 다 바꿔야 했답니다. 너무나 속상하고 나 자신이 바보처럼 여겨졌어요. 그런데 한참만에 그 열쇠 꾸러미를 찾게 되었어요.

우리 집에 한 자매가 방문했는데 나와는 성격이 좀 안 맞았어요. 어느 날, 팀 멤버가 말씀을 전한다고 하기에 그 자매와 같이 갔지요. 그런데 다녀와서는 그녀가 해서는 안 되는 말까지 하면서 말씀을 전한 이에 대해 불평을 하더군요. 나는 골치가 아파서 밖에 나가서 좀 걸어야겠다고 생각했어요.

그래서 오랜만에 문 앞 옷장에서 예전에 한 번 입었던 재킷을 꺼내 걸쳤지요. 그리고 주머니에 손을 넣었더니 잃어버린 열쇠 꾸러미가 잡히는 거예요. 성령님이 계속 그 옷장을 보라고 하셨을 때 보았더라면 자물쇠를 다 바꾸지 않아도 되었을 테지요.

그런 일만이 아니라 성경을 볼 때, 설거지를 할 때, 빨래를 할 때도 성령께서 함께 계시는 것을 느낍니다. 24시간 나와 함께하시는 그분을 말이에요. 나이가 들면서 더 깊이 느끼는 것 같아요.

Journey of Joy

: A Lifetime of Intimacy with God

Part 3

가정과
함께하신
하나님

사랑 넘치는 가정의
둘째 딸

사모님의 어린 시절은 어떠셨나요?

아버지 T. 레이튼 프레이저 박사는 스코틀랜드계 출신으로, 사우스캐롤라이나 클린턴 장로교대학의 성서기독교학 교수 였습니다. 어머니 루스 브라운 프레이저는 영국계로 같은 대학 사서였지요.

 나는 미국 뉴저지(New Jersey)에서 어린 시절을 보냈어요. 아버지는 조지아(Georgia) 출신이고 어머니는 버지니아 (Virginia) 출신이었는데, 아버지가 성장했던 조지아에는 스코틀랜드계 사람들이 많이 살았어요. 그들은 감정 표현을 잘했어요. 반면에 이모들은 매우 예의 바른 편이었지요. 오 랜만에 만나도 겨우 뺨만 살짝 대고 안아주는 정도였어요. 하지만 아버지 쪽 친척들은 좀 달랐지요. 훨씬 따뜻했어요.

아버지는 딸들과 같이 있는 시간을 아주 좋아하셨어요. 어렸을 때부터 우리는 아버지와 특별한 키스를 했답니다. 마주보면서 뺨을 한쪽씩 맞대고 살짝 입을 맞추는 거예요.

지금 생각해보면 아버지가 참 지혜로우셨어요. 딸들과 키스하거나 포옹할 때는 항상 어머니 앞이나 다른 식구들이 있을 때 하셨지요. 그래서 이상한 감정이 한번도 들지 않았어요. 물론 아버지도 그러셨을 거고요.

내가 10대였을 때 이모가 우리 집에서 하룻밤 묵은 적이 있어요. 그런데 아버지와 내가 그런 식으로 키스를 하자 이모가 작은 목소리로 "어휴~" 하면서 뭐라고 하더라고요. 이모는 아버지와 딸의 그런 모습을 처음 봤던 거지요.

부모님은 서로를 안아주는 것으로 사랑 표현을 많이 하셨어요. 언니와 내가 학교에 갈 때 차를 태워주셨는데 내리기 전에 다 같이 포옹했지요. '가정 허그(hug)'라고 이름 붙이면 좋을까요? 너무 따뜻해서 기억이 뚜렷해요.

또 아버지는 매우 부지런하셔서 수업 교재도 직접 만드셨어요. 여러 과목을 가르치셨는데 신약, 구약뿐 아니라 예수 믿는 사람들이 어떻게 생활해야 하는지에 관한 책도 쓰셨지요. 그래서 아버지를 떠올리면 주로 서재에 계셨던 모습이 생각이 나요.

아버지는 재주가 정말 많으셨어요. 우리가 살던 집도 직접

설계하셨지요. 딸만 셋이다 보니 한쪽은 딸들만 사용하는 방과 화장실로, 반대쪽은 부모님 방과 서재로 완전히 분리하셨어요. 딸들의 사생활을 지켜주셨던 거지요. 당시는 그런 뜻이 있는 줄 몰랐는데, 나중에 알고 나서 무척 감사했어요.

나는 딸만 셋인 집안의 둘째인데, 우리 자매들은 성장 스토리가 조금씩 달라요. 언니가 어릴 때는 아버지가 목회를 하셨어요. 좀 보수적이셨죠. 보통의 한국 목회자들처럼요.

언니가 발레를 배우고 싶다고 했더니, 아버지가 탐탁지 않게 여기셨나 봐요. 그래서 언니가 교회 장로님과 의논을 했는데 그 분도 "아, 그래도 목사님 딸인데…"라고 말씀하셨대요. 그러다 아버지가 장로교대학 교수로 가게 되셨지요. 작은 시골교회에서 한 달에 두 번씩 교대로 설교도 하셨고요.

나는 언니에 비해 자유롭게 자랐어요. 중학교 때 볼륨댄스를 배우고 싶다고 했는데 다들 괜찮다고 하셨을 정도로요. 언니는 나보다 네 살이 많은데, 약간 샘이 났을 거예요. 나는 지금도 춤추는 것을 좋아해요. 그림 그리는 것도 좋아하고요.

언니와 내가 대학에 가느라 집을 떠난 후, 나보다 여덟 살 어린 여동생은 연세 드신 부모님 밑에서 외동딸처럼 지냈어요. 나중에 동생의 얘기를 들어보니 힘든 점이 많았던 것 같더군요. 하지만 지금 우리 자매들은 매우 가깝게 지냅니다.

춤과 그림 그리기를 좋아하던 어린 시절

나는 고등학교 때도 친구가 많아서 잘 놀러 다녔어요. 조그만 동네에 살았는데 학교에 남학생이 많았지요. 주말이면 집에서 파티도 하고, 놀 기회가 많았답니다. 고등학교 때 어떤 형제와 사귀었던 적이 있어요. 그 형제는 대학 1학년이었고, 나는 고등학교 졸업반이었지요.

어느 주일날 오후, 여학생들끼리 운전을 해서 시내에 나갔어요. 그러다가 걸어가는 남학생들이 보이기에 태워주겠다고 했지요. 나와 친구는 앞에 앉고, 두 남학생은 뒤쪽에 앉았어요.

공교롭게도 나와 사귀던 형제가 그 장면을 본 거예요. 그날 저녁에 데이트 약속이 있었거든요. 오후부터 보자고 했는데 내가 바쁘다고 저녁에 보자고 했지요. 그런데 내가 다른 남학생들과 있는 모습을 보고 이 형제가 화가 난 거예요.

저녁에 만났는데 손을 다쳤는지 밴드를 붙였더라고요. 내가 어떻게 다쳤냐고 묻는데도 얘기를 안 해요. 알고 보니 화가 나서 벽에 주먹질을 하다가 다친 거였어요. 나는 그날 이후 그 형제와 헤어졌지요.

화가 난 건 이해할 수 있지만, 자신의 분노를 조절하지 못하는 건 문제라고 생각했거든요. 그래서 나는 청년들과 상담

할 때면 결혼 전에 상대의 성격을 알아야 한다고 조언해요. 특히 화가 날 때 어떻게 하는지 잘 보라고 하지요. 감정을 조절하지 못하는 사람과는 결혼하지 말라고 말해줍니다.

부모님이 그리울 때는 어떻게 하셨나요?

내가 킹대학(테네시주)에 다닐 때에도 방학에만 집에 올 수 있었어요. 지금은 오가기 쉽지만 그때는 험한 산길을 다녀야 했거든요. 내가 집에 잘 못 갔기 때문에 부모님이 학교에 가끔 방문하셨어요.

나는 그때도 부모님께 편지를 잘 안 썼어요. 집에 연락을 제대로 안 한 죄가 크지요. 한국에 와서도 마찬가지였어요. 당시 한국은 시내에 나가야만 국제전화를 할 수 있었거든요. 또한 사역하느라 바빠서 편지도 제대로 못 썼어요.

부모님을 생각하면 죄송해요. 평생 멀리서 살고 연락도 자주 못 드렸거든요. 집을 떠날 때도 아쉬움보다 너무 흥분해서 기뻐하기만 했어요. 내가 한국으로 떠나던 날, 두 분은 눈물을 안 흘리려고 애쓰셨지요. 어머니는 눈물이 정말 많은 분인데도 말이에요.

내가 떠난 다음에 아버지가 6개월 동안 굉장히 많이 아프셨나 봐요. 그래도 부모님은 편지에 아프다는 얘기를 한번도 안 쓰셨어요. 편지를 자주 보내셨는데 언제나 축복의 말씀과 좋은 얘기만 적어주셨지요. 아프셨던 것도 아버지가 돌아가시고 나서 어머니가 말씀해주셔서 알았어요.

우리와 같은 팀에 간호사 출신 자매가 있었는데, 어머니에게서 계속 편지가 오는 거예요. "어떻게 나를 떠날 수 있느냐, 외롭다, 언제 오느냐…" 그런 내용들로 가득한 편지였지요. 나중에는 그 선교사가 어머니에게서 온 편지를 안 뜯어보더라고요. 마음이 많이 불편하고 선교사역에 방해가 되니까요.

그것을 보면서 부모님께 무척 고마웠어요. 그래도 내 모습을 보면서 때로 부모님 생각을 하게 되지요. 특히 방 정리를 할 때면 꼭 어머니가 생각나요.

어머니는 참을성이 많아서 내가 똑같은 잘못을 계속해도 야단을 안 치셨어요. 그래서 어릴 적 안 좋은 습관이 지금까지 있어요. 예를 들면, 옷을 벗어놓고 바로 정리하지 않고 그대로 두어요. 그럴 때면 어머니가 생각나지요.

나중에 정리하면서 '바로 정리했으면 따로 시간을 내지 않아도 됐을 텐데'라며 꼭 후회하죠. 그래도 결혼하고 나서 그나마 좋아진 거예요. 남편이 오히려 더 단정하고 정리를 잘하거든요. 내가 그 모습을 보면서 정리하는 법을 배웠지요.

1961년 한국으로 떠나기 위해
노스 캐롤라이나 기차역에서 부모님과 함께

선교지에 있다 보면 가족들 소식이 많이 궁금할 텐데요.

당시 우리는 한국에서 공동생활을 하면서 많이 바빴어요. 아마 자주 편지를 썼다면 감정적으로 더 힘들었을지도 모르겠어요. 아버지는 나를 늘 이해해주시고 용서해주셨지요. 그런데 매주 편지를 썼다면 감정적으로 집을 안 떠난 것 같았을 것이고, 사역도 제대로 못했을 것 같아요.

우리가 안식년을 갔을 당시는 비행기 값도 지금보다 훨씬 비쌌어요. 선교부에서는 5년 사역을 한 다음 안식년을 갈 때에는 비행기 표를 마련해줬지요.

두 번째 안식년으로 미국에 가서 보니 아버지가 몸이 많이 안 좋으셨어요. 의사는 암은 아니지만 심각한 병이라고 했지요. 앞으로 더 심해질 거라는 생각이 들었어요. 아버지를 옆에서 보살피고 간호하는 어머니의 건강도 걱정됐고요.

아버지가 운전하는 것을 좋아하셨는데 몸이 불편해지면서 어머니가 하셨지요. 일주일에 한 번씩 치료받으러 다니셔야 했거든요. 아버지는 온몸의 피부가 무척 아프셨어요.

아버지 상태는 점점 더 안 좋아졌고, 어머니도 굉장히 피곤해 보였어요. 그렇게 안식년을 같이 보내고 한국으로 떠나는 날, 하나님께서 '아버지가 하늘나라 가기 전에 다시 볼 거니까 걱정하지 말라'는 마음을 주셨어요. 우리 스케줄로 보면 다시 오기가 어려운 상황이었지만 그래도 그 말씀이 큰 위로가 됐지요.

한국에 돌아와 보니 나를 기다리는 자매들이 있었어요. 예수님을 믿는 여성들의 모임인 어글로우(Women's Aglow Fellowship)라는 국제단체가 있는데 여성들의 모임 중 아마 제일 클 거예요. 그런데 한 자매가 이 모임에 참석한 후에 흥분해서 나를 기다리고 있었어요. 그 자매와는 알고 지내긴 했지만 친한 사이는 아니었기에 의아했지요.

우리 집에서 매주 서너 명의 자매들을 주축으로 여러 명이 모여 한국에 어글로우 지부가 생기기를 기도해왔어요. 그런데 그 모임을 한국에서 시작하기 위해서는 누군가 대표로 참석해야만 했지요. 당시 일반 사람들은 여권을 발급받을 수 없었어요. 우리 모임에 여권이 있는 사람은 그 자매와 나뿐이었지요. 그런 이유로 한국 대표가 5분 만에 결정됐어요. 그들은 나를 파송해주었지요.

어글로우 모임이 시카고에서 있었어요. 모임을 마치고 아버지를 방문할 수 있겠다는 생각이 들더군요. 모임에 참석한 후에 부모님을 만나러 가며 '혹시 아버지가 세상을 떠나실 때인가' 하는 생각이 들었어요. 하지만 슬픈 마음보다 하나님의 은혜가 더 컸지요. 아버지 옆에 있을 수 있었으니까요. 나도 모르게 안에서부터 기쁨이 샘솟았어요(그 기쁨은 아버지의 장례식까지 계속 이어졌지요. 성령께서 주신 그 기쁨은 전에도 없었고 후에도 없었어요).

그때 아버지와 어머니는 동생 집에 머물고 계셨어요. 시원한 바다가 보이는 곳이었는데, 2주에서 한 달 정도 계실 예정으로 방문하셨지요. 그런데 나도 그곳에 간다고 하니 부모님이 무척 기뻐하셨어요. 여동생도 반갑게 맞아주었고요.

그날 밤, 부모님은 일찍 주무시고 나는 동생과 얘기하며 기도하는 시간을 가졌어요. 여동생도 몇 년 전에 성령세례를 받은 터라 대화가 잘 통했지요. 그래서 하나님이 보여주신 것을 이야기했어요. 아버지가 하늘나라에 가시기 전에 함께 시간을 보내게 해주신 하나님의 계획에 대해서요.

하지만 동생은 그런 생각을 하기 싫다고 했어요. 아버지가 낫기를 기도했으면 좋겠다고 했지요. 기적을 보고 싶다고요. 물론 나도 그랬어요. 그래서 먼저 병이 낫게 해주시기를, 또한 완전한 치유는 하늘나라에 있으니 평안히 주님 품에 안기기를 기도하자고 했지요.

동생과 한마음으로 기도했어요. 그리고 이틀 후에 아버지에게서 폐렴 증상이 나타났어요. 요새는 약만 잘 먹어도 나을 수 있지만, 연로한 분들이나 환자들에게는 여전히 위험한 병이에요. 어머니에게도 하나님께서 주시는 마음이 있었나 봐요. 옛날부터 내려오는 말씀을 해주셨어요.

"노인에게 폐렴은 오히려 좋은 손님이란다."

그러면서 눈물을 보이셨지요. 내가 눈물을 잘 흘리는 것은 어머니에게 물려받은 것 같아요. 나도 눈물 없이는 진심을 잘 얘기하지 못하거든요.

아버지는 폐렴 치료를 위해 곧바로 입원하셨어요. 그래서 일주일 예정이었던 내 여행은 한 달로 늘어났지요. 덕분에 아버지 장례까지 치를 수 있었어요.

친척들도 병원에 왔다 가면서 슬픈 표정이 전혀 없었어요. 병원 엘리베이터를 타고 왔다 갔다 하는데 옛날에 부르던 찬양이 생각나더군요.

"I just keep trusting my Lord as I walk along. I just keep trusting my Lord and he gives a song(나 주의 믿음 갖고 홀로 걸어도 나 주의 믿음 갖고 노래 부르네)."

박수를 치면서 기쁘게 부르던 찬양이, 가사도 희미해진 그 찬양이 생각난 거죠. 내 안에 기쁨이 있었어요. 하나님이 특별히 은혜를 주신 것 같아요. 그렇지 않았다면 깊은 슬픔에 빠졌을지도 몰라요.

아버지는 모국인 스코틀랜드 전통과 문화를 아주 자랑스럽게 생각하셨어요. 아버지가 선물로 주신 빨간색 체크무늬 머플러를 아직도 가지고 있답니다. 사촌 오빠의 부인이 장례식을 위해서 내게 빨간색 긴 치마를 만들어주었어요.

다른 친척들도 스코틀랜드의 빨간색 전통 옷과 코트 등을 입었지요. 전통 옷을 입고 전통 악기를 연주하면서 장례식을 치렀어요. 미국도 장례식에는 대개 검정색 옷을 입는데, 우리 가족은 그렇게 하지 않았어요. 아버지를 하늘나라에 보내니까 축하해야 한다고 생각했죠.

부모님이 살아계실 때에나 돌아가신 후에나 늘 그리운 것은 마찬가지입니다. 내가 80세가 넘었다고 해서 부모님이 그립지 않은 것도 아니더군요. 더구나 부모님과 멀리 떨어져 살면 더 그립지요. 부모님은 자식에게 그리움의 대상이에요.

부부 선교사로
살기

1960년대 초에는 단기선교사가 없었어요. 항공료가 비싼 것도 이유 중 하나였지요. 우리 부부는 둘 다 부르심에 대한 확신을 갖고, 40년을 헌신하기로 작정하고 한국에 왔어요.

지금은 한국에서 해외로 나가는 선교사들이 많아졌어요. 혼자 나가는 이도 있지만 부부가 함께 나가는 경우도 많지요. 여러 가정을 보면서 같은 마음으로 나가는 것도 중요하지만 부부관계가 가장 중요하다고 생각해요.

왜냐하면 부부관계를 잘하는 사람들은 사역도 잘하는데 그렇지 못한 사람들은 가정이 힘들어서 그런지 사역도 잘 안 되더라고요. 그래서 요즘은 선교사 훈련 때 반드시 부부관계 훈련을 시킵니다.

우리는 신학대학원에 입학해서 한 학기만 싱글로 지내고, 크리스마스 때 결혼해서 졸업할 때까지 3년 동안 미국에서 신혼생활을 했지요. 결혼하자마자 선교지에 나가는 것은 좋지 않은 듯해요. 자기 문화에서, 될 수 있으면 잘 아는 곳에서 편안하게 지내는 시간이 꼭 필요합니다.

　　서로에게 상처를 많이 주는 부부가 있어요. 그런 부부들을 보면 받은 상처를 오랫동안 못 잊더라고요. 요새는 결혼하기 전에 들으면 좋은 세미나들이 많으니 잘 찾아보면 좋겠어요. 하와이 코나에도 특별히 그런 세미나를 잘하는 강사가 있어요. 나도 한번 참석했는데, 결혼 전에 들으면 좋은 내용이 많더라고요.

　　문제는, 많은 사람들이 결혼 전에 듣지 않는다는 거지요. 부부가 서로 존중하고 인정하는 법, 친밀한 관계를 지속적으로 유지하는 법, 특히 성관계를 자연스럽게 하는 법 등 결혼하기 전에 여러 가지 교육을 받아야 하는데, 아무것도 모르고 결혼하는 경우가 많아요.

　　나는 결혼하기 전에 훈련이 꼭 필요하다고 생각해요. 특히 예수 믿는 부부들은 그런 훈련을 통해 마음밭을 준비해야 합니다.

사역만큼 중요한 부부관계 훈련

사모님이 생각하시는 '지혜로운 아내'에 대해 자세히 듣고
싶습니다.

DTS 훈련을 받으면 자신의 성장 스토리를 한 사람씩 돌아
가면서 말해요. 내가 훈련을 받을 때는 학생이 100명이라 다
얘기하려면 며칠이 걸렸어요(로렌과 달린 커닝햄, 브루스와 바버
라 톰슨, 딘 서만을 비롯해 현재 YWAM 리더들이 스태프였어요).

별별 얘기가 다 나왔지요. 담배 피우고, 술 마시고, 친구들
과 못된 짓을 하다가 예수님을 만나고 목회자가 되는 등 굉
장히 매력적인 간증이 많았어요. 그것을 들으면서 내 간증은
너무 재미가 없다고 생각했어요. 특별한 사건이 없었거든요.

나는 다른 사람들의 간증을 들으면서 눈물을 많이 흘렸어
요. 부모와 헤어진 사람, 아버지나 오빠에게 성적으로 학대
받은 사람 등 생각지도 못한 아픔을 겪은 사람들이 많더라
고요. 나는 부모님과 가정 분위기, 특히 각별했던 아버지와
의 관계를 얘기했어요. 모두들 부러워했지요.

나는 어머니가 아버지에 대해 불평하는 모습을 한번도 본
적이 없어요. 어머니가 아버지를 잘 섬기셨던 것 같아요. 정
말 한국의 어머니 같았지요. 조용히 남편을 세워주셨어요.
아버지도 사랑이 많고, 자신감도 넘쳐서 주변 사람들이 아주
좋아했지요.

우리 부부는 둘 다 학생이었기에 누가 누구를 섬겨주기보다 똑같이 공부했어요. 오히려 내가 도움을 많이 받았지요. 데이빗은 뭐든지 빨리 하거든요. 내가 타이핑이 느리니까 답답했는지 많이 도와주었어요. 한국에 오기 전에도 그랬고, 지금도 남편의 도움을 많이 받아요.

남편은 한국어를 공부하고, 이곳 문화를 알게 되면서 자연스럽게 리더십이 발휘된 것 같아요. 예전에 우리가 선교사로 지원한 후 선교부에서 했던 인터뷰가 기억나네요. 리더십들은 데이빗이 나보다 조용해서 염려가 된다고 말했어요. 나는 한국에 와서 겸손을 많이 배웠어요. 남편을 먼저 섬기는 것도 한국에서 배웠지요.

부부가 함께 사역을 하더라도 준비 기간이 필요해요. 그러면 남편 목사님(선교사님)도 자신감이 생기죠. 한국에서 같이 사역하는 부부를 보면 매우 존경스러워요. 보통 사모님은 사역에서 빠지고 목사님이 혼자 하시잖아요. 사모님이 음악을 전공하셨거나 성경을 잘 가르쳐도 교인들이 사모님이 뭔가 하는 것을 싫어해서 사역에 참여하지 못하는 경우도 많지요.

사모님이 교회 일을 한다면 남의 의견을 들으면서 겸손하게 섬기는 것이 좋을 것 같아요. 사람들 앞에서만이 아니라 집에서도 남편을 그렇게 섬겨드리고요. 나는 남편을 세워주는 것이 아내의 일이라고 생각해요. 하지만 일부러 그렇게 해야 된다고 생각한 적은 없어요. 그냥 자연스럽게 그렇게 됐지요.

나는 뉴욕에 살 때 사모 모임에서 성경을 가르친 적이 있어요. 그 모임은 우리가 떠난 다음에도 계속됐지요. 나는 뉴욕에 갈 때면 그 모임에 참석하곤 했어요. 월요일마다 사모들끼리 만나던 그 8년은 정말 귀한 시간이었어요.

요즘에는 리더십을 여성에게 주는 것이 좋다고 생각하는 단체도 있어요. 그러면 부부 사이에도 어려움이 있다고 봐요. 성경적인 리더십은 남자에게 있어요. 그것이 우리 여성의 숙제지요.

화요모임에 가면 젊은 부부들이 아이들을 데리고 뒤에 서 있기도 해요. 그러면 내가 아기 엄마들에게 말해요.

"잘했어요. 아이들 데리고 오는 게 불편해도 억지로라도 와야 해요."

아내도 남편이 사역하면서 누구를 만나는지 알아야 해요. 사무실에도 자주 나가서 같이 점심도 먹고요. 그렇게 하지 않으면 집과 사역이 분리돼버리지요. 그건 좀 위험해요.

부부 동반 모임에 초대받으면 집에서 쉬고 싶을 때도 있지만, 내가 안 가면 데이빗 혼자 참석해야 하니까 되도록 참석하지요. 어쩔 때는 초대한 집에서 사랑의 표현으로 아침, 점심, 저녁을 모두 먹고 가라고 권하기도 해요. 그런데 내가 함께 있으면 사람들이 데이빗을 계속 붙잡지 못하지요. 밤늦게까지 있지 않아도 되고요.

제일 어려운 경우는 부부가 완전히 떨어져 사는 것이에요. 일 때문에 남편은 한국에 있고, 부인과 아이들은 미국에 있는 경우죠. 하지만 될 수 있으면 이런 상황은 피하는 게 좋아요. 그럴 수밖에 없는 사람들도 있긴 하지만요.

한국 자매들이 가진 특별한 아름다움과 장점이 있어요. 그들은 부드럽고 형제들을 존경하죠. 아주 놀라울 정도예요. 그런데 요즘은 커피숍에서 아내들이 모여서 남편에 대해 부정적인 얘기를 많이 하는 것 같아요. 어느 나라나 남편에게 불만이 없는 아내는 없을 거예요. 하지만 언제, 어디서, 무슨 내용을 말하고 있는지는 좀 생각해야 해요.

자기 남편에 대해 지나치게 얘기하는 것은 좋지 않아요. 그런 아내들은 기도제목을 나눌 때면 꼭 남편이 변화되길 바라는 점을 말하지요. 그러면 본인은 변할 게 없을까요? 그렇지 않거든요.

일대일 만남에서 가정의 문제를 이야기하는 것은 나쁘지 않다고 생각해요. 서로 기도도 해줄 수 있고요. 하지만 여성들이 다 같이 모인 곳에서는 좀 위험해요. 그래서 남편들이 여성들의 기도모임을 별로 좋아하지 않는지도 몰라요.

남편이 부인과 기도모임을 함께하는 자매를 만났는데 자기가 얘기하지도 않은 문제를 두고 해결됐냐고 물으면 당황스럽잖아요. '기도모임에서 왜 내 얘기를 했지?' 하고 생각하게 되고요.

목사님과 함께하신 사역이 있었나요?

앞에서 언급했듯이 한국에 사는 동안 아주 귀한 사역이 많았어요. 소규모 성경공부 모임을 하고, 예수전도단 사람들이 항상 우리 집에 오고, 화요모임을 시작했지요. 남편은 말씀을 전하고 전도하는 데 열심이었는데, 나는 애들 때문에 못 간 적도 있어요. 하지만 한번도 아쉬움은 없었지요.

'왜 나는 못 가지? 데이빗이 아이들을 좀 봐주면 좋을 텐데…'라고 생각하지 않았어요. 남편도 자기가 하는 일이 더 중요하고, 내 일은 중요하지 않다고 생각하지 않았지요. 나는 데이빗이 어디를 가든 전도하는 마음으로, 기도하는 마음으로 보냈어요. 그러니 같이 사역을 한 것이지요.

우리는 한국 사람들과 어울리면서 조금씩 한국 문화를 알게 됐어요. 특히 "외국인이니까"라는 소리가 듣기 싫어서 가능하면 한국 문화를 따르려고 했답니다. 그래서 부부끼리 손을 잡고 다닌 적도 거의 없었지요.

예전에는 어디를 갈 때 남편이 앞서서 가면 아내는 아이들과 뒤따라 가곤 했어요. 또 여럿이 길을 갈 때는 자연스럽게 형제들이 앞에서 가고, 뒤에서 자매들이 손을 잡고 갔지요. 우리끼리 얘기도 나누면서요. 참 좋았어요. 지금도 다른 부부와 차를 함께 탈 때에는 그렇게 해요. 자매들이 뒤쪽에 앉고, 형제들은 앞에 앉지요.

한국 문화에 좋은 점이 굉장히 많아요. 그래서 나도 자연스럽게 겸손한 마음이 생긴 것 같아요. 하지만 겸손은 형제들에게도 필요해요. 그래야 부부생활이 잘 되지요. 남자니까 뭐든지 마음대로 할 수 있다고 여기는 것은 좋지 않아요.

나는 한국에서 생활하는 동안 미국 사람들과 교제한 적이 거의 없어요. 선교사 자매들과 가끔 모이긴 했지만요. 그들과는 일주일에 한 번씩 기도모임을 가졌어요. 예수전도단을 시작할 때도 선교부의 주중 기도모임에 참석했지요.

선교사 친구들을 좋아해서 여름이면 대천 바닷가에 함께 놀러가기도 했고요. 하지만 개인적으로 누군가를 만나서 놀러가는 일은 거의 한국 사람들과 했어요.

나는 지금은 없어진 반도호텔의 미용실에서 일하던 젊은 사람들에게 영어를 가르치기도 했어요. 미용실은 2층에 있었는데 손님이 없는 이른 시간에 가서 성경도 보고 같이 얘기도 나누었지요.

얼마 동안은 주일 아침마다 방문했어요. 산으로 피크닉도 같이 가고요. 그래서 반도호텔 미용사들은 거의 다 예수님을 믿게 됐어요. 그리고 카이스트에서 영어 성경공부를 인도하기도 했습니다.

한국에서 가정 사역도 하셨다고 들었어요. 어떤 사역들이었나요?

먼저 독수리 사역(BEDTS, 직장인들을 위한 제자훈련학교)부터 말씀드려야 할 것 같네요. 이 사역은 문병현 장로님이 시작하셨어요. 그 분은 두 자녀(문성일, 문성애)가 예수전도단에서 훈련 받고 변화된 것을 보고 깜짝 놀라서 우리 모임을 알고 싶어 했지요.

우리는 시청 앞의 한 교회에서 점심시간에 성경공부를 했는데, 직장인들이 꽤 많이 모였어요. 그래서 직장인들을 위해 이런 식으로 훈련을 하면 좋겠다고 생각했지요. 그렇게 시작된 것이 독수리 사역이에요.

직장인을 위한 제자훈련학교 사역

첫 모임에 명지학원을 설립하신 유상근 박사님이 학생으로 오셨어요. 너무 겸손한 분이었죠. 그뿐만 아니라 총장, 교수, 은행장도 성경공부를 하러 오셨어요. 이 분들이 나라와 민족, 나아가 하나님나라를 위해 뭔가 할 수 있겠다는 생각이 들었지요(그렇게 시작된 사역이 우리가 떠나고 나서 더 활성화되었어요. 지금은 교회마다 비슷한 프로그램이 있는 걸로 알고 있어요).

'독수리'라는 이름은 데이빗이 지었어요. 독수리는 힘을 써서 하늘 높이 올라가는 것이 아니라 기류를 타지요. 그래서 독수리는 폭풍을 좋아해요. 더 높은 차원으로 교육하자는 의미를 담아 이름을 정했답니다. 이사야 40장 31절 말씀을 참고했죠.

오직 여호와를 앙망하는 자는 새 힘을 얻으리니
독수리가 날개 치며 올라감 같을 것이요
달음박질하여도 곤비하지 아니하겠고
걸어가도 피곤하지 아니하리로다
사 40:31

처음 독수리제자훈련학교 수업에는 순종 훈련, 하나님의 음성 듣고 묵상하기, 재정 훈련이 있었어요. 그래서 문 장로님에게 가족에 관한 수업이 있냐고 물었어요.

그런데 그쪽에는 별 관심이 없는 것 같더군요. 그래서 가족이 우리 삶에서 정말 중요하니 그에 대한 공부도 해야 한다고 말했지요. 사실 가르칠 만한 사람은 많았는데 나더러 먼저 말을 꺼냈으니 수업을 시작하라고 하시더라고요. 그래서 가족 관계, 남편과 아내들에 대한 것을 강의했습니다.

60년 차 부부의
행복 비결

목사님과 사모님의 다른 점은 무엇인가요?

우리는 눈에 띄게 다른 점이 있어요. 남편은 뭐든지 빠른데
나는 천천히 하는 편이에요. 그래서 요리할 때도 여유를 두
고 천천히 준비해요. 식사가 좀 늦어져도 별 문제가 안 된다
고 생각하지요.

　반면에 남편은 약속 시간 전에 꼭 미리 나가서 기다리는
편이에요. 그리고 시계를 계속 확인하며 약속 시간이 지나면
상대방이 왜 아직도 안 나왔는지 의아해하지요. 그러면 나는
좀 기다리라고 해요. 조금 늦어도 괜찮잖아요. 우리도 늦을
때가 있고요. 그래서 남편은 시계가 없으면 많이 불편해하
죠. 사실 나는 시계 없이 살면 무척 행복할 것 같아요.

　둘이 반대라서 좋은 것은, 내가 약속 시간을 지키게 됐다

는 거예요. 60년을 같이 살다 보니 그렇게 됐네요. 부부가 성격이 다르면 자기와 다른 성향도 이해할 수 있어서 오히려 복인 것 같아요.

남편은 은퇴한 후에야 여유가 좀 생겼어요. 지금은 스케줄이 하나도 없는 날도 있답니다. 그런 날이 너무 좋아요. 나름대로 할 일도 하고 책도 볼 수 있으니까요. 요즘은 남편이 나를 많이 도와줍니다. 식사 준비할 때, 계란 삶기를 완벽하게 해주지요. 휴대폰 타이머로 4분 30초를 맞춰놓고 삶는데, 그것이 재미있나 봅니다.

대학에 다닐 때 선교나 목회에 비전이 있는 사람들의 모임이 있었어요. 그 모임에서 데이빗이 말씀을 전하면 나는 뒤쪽에 앉아서 들었어요. 그때 그가 전하던 말씀이 너무 마음에 와닿아서 일생 동안 들어도 좋겠다는 생각을 했지요. 사역을 할 때도 그가 말씀을 전하면 나는 항상 맨 뒷자리에 앉아서 지켜봤어요. 남편도 나를 보며 힘을 얻고 말씀 전하는 데 더 집중하는 것 같았지요.

지금까지 사모님들을 수백 명 만났는데, 남편 목사님의 설교를 들으면서 메모하는 분들이 많더군요. 설교 내용의 틀린 점이나 목사님이 고쳐야 될 점을 적는 거지요.

그런데 나는 그런 생각을 해본 적이 없어요. 고치려 하기

보단 은혜 받으려고 했지요. 남편이 설교할 때 뒤쪽에 앉아 있으면 청중이 말씀을 어떻게 듣는지 느낄 수 있어서 좋았어요. 그리고 설교가 끝나면 데이빗에게 사람들이 말씀을 하나도 안 놓치고 관심 있게 듣더라고 말해줬지요.

목회자 부부뿐 아니라 다른 부부들도 서로의 장점을 칭찬해주는 습관을 들이면 좋겠어요. 어떤 남자들은 아내가 식사를 준비해주면 타박만 하고 맛있다는 말을 안 해요. 서로 계속 고치려고만 들면 부부관계가 힘들어져요.

나는 마음이 매우 여려요. 그래서 남편이 화를 내거나 표정이 안 좋으면 눈물부터 흘립니다. 그래서 데이빗이 정말 조심해요. 이런 내 성정(性情)이 그를 진짜 신사로 만든 건 아닐까요.

부부가 화해하는 방법을 배우고 싶어요.

내가 어릴 때는 매일 저녁 온 가족이 함께 식사를 했어요. 식탁에서는 학교에서 있었던 일이나 가볍고 즐거운 이야기를 나눴지요. 하지만 가끔 아버지와 어머니가 자리에서 일어나서 방으로 들어가실 때가 있었어요. 의논할 게 있다면서요. 어머니는 "괜찮아. 우리 의견이 달라서 따로 얘기하는 것이 좋을 것 같아서 그래"라고 하셨지요.

두 분은 방에 들어간 다음에도 큰 소리를 내지 않았어요. 자녀들 앞에서 싸우는 모습을 한번도 안 보여주셨지요. 어느 날, 언니와 동생이 말했어요.

"우리 집에서는 결혼을 배울 수가 없어. 부부싸움 하는 걸 한번도 본 적이 없으니 말이야."

그래서 나도 싸움을 할 줄 몰라요. 데이빗이 뭐라고 하면 쉽게 상처를 받고는 울어버렸거든요. 화가 나면 마음에 있는 얘기를 해야 하는데, 그럴 수가 없었지요.

사람들이나 일과 관련된 얘기는 괜찮은데, 관계에 문제가 있거나 개인적인 얘기를 하는 상황에서는 마음이 힘들었어요. 하지만 나이가 들수록 점점 성숙해져서 지금은 많이 나아졌어요.

서로 의견이 다르면 분노가 생길 수도 있는데, 그런 상황에서 어떻게 대처할 줄 몰랐던 거지요. 답답하고 화가 나는데, 뭐라고 하면 안 될 것 같아서 그렇게 못하는 거예요.

될 수 있는 대로 주님께 올려드리지만 완전히 해결되지 않을 때가 있어요. 그러면 남편에게 도움을 청해요. 싸우는 게 더 시원할지도 몰라요. 하지만 입에서 한번 나온 말은 다시 담을 수 없기에 참는 겁니다.

그래서 밤에 잠을 못 잘 때가 있어요. 자꾸 갈등 상황이 생각 나니까요. 그러면 데이빗이 얘기도 나눠주고 안아주기도 합니다. 만일 우리가 완전히 의견이 다르고, 서로 도울 수 없었다면 진짜 힘들었을 거예요.

한번은 잠자리에서 같이 이야기를 하다가 남편이 그냥 잠들어버린 거예요. 마음이 아팠지요. 내 얘기도 아직 안 끝났고, 서로 의견도 달랐거든요. 그래서 우는 척을 했어요.

그 소리에 남편이 잠에서 깨어 "여보, 왜 그래?"라고 묻더라고요. 내가 "아직 대화가 안 끝났는데 당신이 그냥 자버렸잖아요"라고 말했지요. 그랬더니 꼭 안아주면서 미안하다고 사과했어요. 그러면 내 마음이 스르르 풀려요. 부부 사이에 가장 중요한 화해의 말은 "미안해"일 것입니다.

우리는 침대에서 꼭 같이 자요. 독감에 걸렸거나 심하게 아플 때만 빼고요. 상담하는 사람들은 침실에서는 부부싸움을 하지 말라고 조언해요. 잠자기 전에 다 해결하라고요. 하지만 어떤 때는 해결이 안 된 채 잠자리에 들기도 하지요.

그리고 싸울 때만 아니라 잠이 잘 안 올 때가 있어요. 그런데 남편은 너무 쉽게 잠이 들어요. 책을 읽다가도 잠들고요. 나는 자려고 누웠는데 한 시간 정도가 지나도 잠이 안 오면 일부러 남편을 깨워요. 잠자기 어려우니 좀 안아달라고요.

나는 슬프고 기분이 안 좋은 게 표정으로 다 나타나요. 그래서 될 수 있는 대로 안 보이려고 하는데, 남편은 그래도 다 알더라고요. 우린 서로에게 비밀이 없어요.

배우자와 의견이 다를 때는 어떻게 해야 할까요?

남편은 의견이 강한 편이에요. 그런데 감사하게도 내 의견을 꼭 물어요. 내 말을 듣고서 의논하고 기도하자고 하지요. 하지만 마지막 결정은 본인의 몫이라고 말해요. 나도 그 생각에 찬성해요. 내가 잘못 결정하면 그 책임은 내가 져야 하니까요.

의논은 하지만 결국은 남편이 결정하는 거죠. 그런데 하루 이틀 지나서 실제로 하는 것을 보면 내 의견대로인 경우가 많아요. '이게 좋을까, 저게 좋을까?' 머릿속으로 계속 생각하나 봐요. 마지막 결정을 보면 나도 행복해지죠. '아주 넓게 생각했나 보다'라는 생각이 들어요.

우리는 차로 이동하면서 이야기를 많이 나눠요. 한번은 서로 아이디어를 나누던 중에 내 의견은 좋지 않다는 걸로 대화가 끝나버렸어요. 그리고 2주 후에 데이빗이 전에 나눈 이야기를 다 잊어버리고 내가 냈던 아이디어를 제안하는 거예요.

2007년 50주년 결혼기념일

그래서 내가 미소를 지으면서 "여보, 정말 좋은 아이디어예요"라고 화답했죠. 내가 너무 쉽게 좋다고 하니까 데이빗도 뭔가 이상했는지 "이거 당신 아이디어였어?"라고 묻더군요.

데이빗이 아홉 살 때 아버님이 돌아가셨대요. 그때부터 여러 가지를 혼자 결정했던 것 같아요. 어머니와 대화도 많지 않아서 결혼 전까지는 혼자 생각하고 계획하는 게 익숙했나 봐요. 하지만 우리는 60년 동안 함께하는 걸 연습할 수 있었어요. 얼른 한마음이 되지는 않아도 서로를 생각하며 기다려줄 수 있게 되었지요.

그런데 그러지 못할 때도 가끔 있었어요. 한국을 떠나야만 했을 때 한마음으로 서로를 위로했으면 좋았을 텐데 그러지 못했지요. 데이빗은 혼자서 괴로워했고, 그 안에 분노가 가득 차 있었어요.

나는 나름대로 상담을 받으면서 기다렸지요. 또 하나님이 계속 위로해주셨고요. 말씀묵상을 통해서도 많은 위로를 받았어요. 그런데 함께 상담을 받은 후부터 남편이 많이 달라졌어요. 그때가 50세였는데, 하나님의 계획이었다고 믿습니다. 위기는 사람의 생각이 성숙해지는 중요한 시기인 것 같아요.

데이빗도 가끔 화를 낼 때가 있어요. 그러면 나는 대꾸하지 않고 가만히 있어요. 물론 내가 남편의 편을 들어주면서 같이 화를 내면 그의 기분이 좀 나아지겠지요. 그런데 그런 말이 안 나와요. 그냥 위로하지요. 수고가 많다고 하면서요. 내가 부정적인 얘기를 하는 게 그에게 도움이 안 된다고 생각하거든요. 어떤 때는 그것이 답답한지 이렇게 말해요.

"왜 당신은 항상 좋게만 얘기해요?"

그렇다고 내가 데이빗보다 성품이 좋다는 얘기는 아니에요. 어떤 일에 대해 의견이 같으면 찬성하는 것처럼 의견이 다르면 반대할 수도 있지요. 그렇지만 그럴 때도 가능한 한 기분 좋게 얘기하려고 애써요.

우리의 대화도 마찬가지예요. 남편이 어떤 이야기든 내게 자유롭게 하는 게 좋아요. 그래야 분노가 쌓이지 않거든요. 많은 부부들이 서로의 다른 성향을 맞춰가는 걸 어려워해요.

우리 친척 중에도 성향이 너무나 다른 부부가 있어요. 냉장고에도 이쪽에는 아내가 먹는 음식, 저쪽에는 남편이 먹는 음식을 따로 놓고 먹을 정도니까요. 물론 입맛이 다르면 그럴 수도 있지요. 하지만 하루 세 번 같이 식사하고, 차 마시고, 여유 시간도 함께 보내는 게 하나 됨이 아니겠어요?

결혼 60주년을 지나셨는데, 부부 행복의 비결을 알고 싶습니다.

우리는 눈과 눈을 항상 마주봐요. 그리고 사랑한다고 말하지요. 예전에 데이빗과 사귈 때였어요. 결혼에 대한 확신은 없고 이런저런 생각이 많은 단계였지요.

우리가 학교 다닐 때 1학년은 생물학 수업을 필수로 들어야 했어요. 그런데 데이빗이 공부를 잘해서 실험실에서 학생들을 지도하는 리더로 뽑혔지요. 아르바이트 같은 거였어요. 그런데 같은 기숙사에 있던 자매가 내게 와서 이렇게 말하는 거예요.

"엘렌은 좋겠다. 데이빗의 눈이 너무 예쁘네."

그녀에게 고맙다고 말했지만 마음속으로는 무척 화가 났어요.

'아니, 수업시간에 공부는 안 하고 남의 눈만 봤나?'

나중에 남편에게 그 상황과 그녀에 대해 물어봤더니 기억을 못했어요. 그때 '데이빗은 나와 결혼할 사람이야'라는 생각이 들더군요. 질투가 약간 있는 건 건강한 것 같아요.

부부가 서로 사랑을 표현하는 건 정말 중요합니다. 대화하거나 식사할 때, 그리고 기회가 있을 때마다 자연스럽게 서로를 바라보며 사랑한다고 말해주세요. 우리는 60년 동안 수도 없이 서로 안아주고 눈을 보며 사랑한다고 고백했어요. 가정에서 아이들과 눈을 맞추는 것도 꼭 필요해요. 눈을 바라보며 사랑 고백을 하고, 잘 때 안아주는 것도 아이들과 좋은 관계를 맺는 비결이죠.

교회 지도자나 선교 공동체 리더들이 부부관계를 지키려면 어떻게 해야 할까요?

나는 부부가 서로를 긍휼히 여기는 마음이 있어야 한다고 생각해요. 특히 교회나 선교단체의 지도자는 매우 어려운 자리예요. 돈이나 남녀관계 등 시험이 많지요. 한국도 그렇지만 미국도 마찬가지예요.

목사나 사모, 장로, 권사를 특별한 사람이라고 생각하지 않으면 좋겠어요. 그들도 자신이 '시험에 들 수 있는 사람'이라고 생각하고 조심해야 돼요. 그것이 겸손이지요.

자신의 역할이 특별하다고 생각하면 사람들이 옆에서 쉽게 조언해주지 못하고, 또 잘못해도 의견을 말할 수 없잖아요. 그러면 잘못된 길로 갈 수도 있어서 위험합니다.

한번은 미국의 어느 수련원에 부부 상담을 하러 간 적이 있어요. 그곳의 운영자는 미국 유명 의대를 우수한 성적으로 졸업한 기독교 상담사이며 정신과 의사여서 어디서든 원하는 대로 일할 수 있는 분이었죠. 그런데 목회자나 선교사들이 치유를 위해 갈 수 있는 곳이 별로 없는 것을 보고, 전임사역자들을 위한 치유센터를 설립한 거예요.

우리는 그 센터에서 2주 동안 굉장히 편안하게 나눔을 가지면서 맛있는 음식과 아름다운 경치를 통해 많은 치유를 경험했습니다.

상담을 받으면서 '한국의 사역자들을 위해서도 이런 상담센터가 꼭 필요하겠다'라는 생각을 했어요. 혹시 부부 상담을 받는다는 소문이 날까 봐 곤란하면 가까운 해외에서 하는 것도 좋을 것 같아요. 비밀이 지켜지는 것이 제일 중요하니까요.

사람들은 인간의 약한 부분, 특히 안 좋은 소식에 더 흥미를 보이잖아요. 특히 목사님 부부에 대해 말이 나가면 큰일나지요. 그래서 우리의 가장 큰 소망 중 하나는 교회 리더들과 장기선교사들을 위한 치유사역 팀이 일어나도록 돕는 것입니다.

이런 치유센터들이 한국의 중심지역에 세워지길 바랍니다. 너무 멀어서 찾아가기 어렵거나 세미나 등록비용이 없어서 참석하지 못하는 일이 없도록 말이지요.

이 일이 이뤄지려면 가장 필요한 게 선교사 경험과 상담기

술이 있는 리더들이에요. 많은 선교사들이 자신을 이해해줄 사람, 소문이 퍼질 것에 대한 두려움 없이 편안하게 자기 문제를 나눌 수 있는 사람을 찾고 있어요.

그래서 나는 시애틀의 쥬빌리학교(선교사 치유학교)가 정말 좋아요. 선교사들이 치유와 회복을 위해 안식년을 맞으면 찾아오죠. 아이들을 데리고 오기도 해요.

그들에게 우리가 예전에 콜로라도에서 참여했던 세미나 얘기를 해줬어요. 그랬더니 두 커플이 참여하고 싶어 하더라고요. 그래서 나도 그들과 함께 세미나에 참석했어요. 영어에 서툰 그들을 도우려고요.

사실 한국 선교사들을 위한 내 꿈은 아직 이루지 못했어요. 선교사들은 너무 피곤하고 지치고, 어려운 사건들도 많이 겪어요. 돈 때문에 힘들어하는 이들, 부부관계가 어려운 이들도 있지요. 그런데 미국 선교부를 비롯한 대부분의 선교 본부에서는 쉽게 해결하려고 하는 것 같아요. 하던 사역을 그만두고 본국에서 좀 쉬게 하죠.

그런데 쉬기만 해서는 안 돼요. 부부를 위해, 가정을 위해 기도하면서 보호해주고 어떻게든 치유 받게 해야 합니다. 우리는 쥬빌리학교를 하면서 어떤 문제나 어려움이라도 마음 놓고 얘기할 수 있는 분위기를 만들었어요. 성경공부도 하고, 말씀묵상도 하고, 소그룹도 만들어서 서로 대화할 수 있게 했지요. 내가 하늘나라에 가기 전에 한국에도 이런 센터가 꼭 세워졌으면 좋겠어요. 한국에서 목회하는 분들 뿐만 아니라 선교지에 나가 있는 선교사들을 위해서도 꼭 필요하다고 봐요. 모임을 할 수 있는 자유가 보장된 곳에 이런 센터가 세워지면 좋겠습니다.

나이 들수록
더 가까워지는 부부

부부가 나이 들수록 친밀한 것이 당연한데 어렵습니다. 두 분은 어떠신지요?

데이빗은 80번째 생일을 기점으로 선교단체에서의 모든 책임을 내려놓았어요. 그래서 집안일에 더 신경 쓸 여유가 생겼지요. 내가 빵이나 쿠키를 구울 때 많이 도와줘요. 한번은 내가 감기에 걸렸는데 데이빗이 직접 레몬을 사서 생강과 섞어 차를 만들어주었어요.

텔레비전은 이따금 혼자 볼 때도 있지만 남편과 같이 보는 것이 더 재미있습니다. 사실 부부가 서로 좋아하는 프로그램이 다른 경우가 많아요. 대개 남편은 스포츠나 뉴스를, 아내는 드라마를 좋아해요.

가끔 데이빗이 러브 스토리가 있는 드라마나 영화를 같이 보자고 해요. 그런데 어느새 둘 다 꾸벅꾸벅 졸고 있더라고요. 내 취향은 미스터리 추리물입니다. 최근에 데이빗이 〈유러피안 미스터리〉라는 프로그램을 알아냈는데, 재미있고 아름다운 경치도 나와서 좋아요. 남편이 고르는 프로그램이 확실히 더 좋습니다.

우리가 함께 외출하기 전에 남편이 항상 내 뒷머리를 점검해줘요. 뒷머리는 스스로 볼 수 없잖아요. 남편이 옷을 입을 때에는 어떤 넥타이가 좋은지 내 의견을 물어봅니다. 나도 내 옷차림에 대해 그에게 묻지요.

그러면 서로 자신의 의견을 자유롭게 말해요. 혹 생각이 다를 때에는 보기 싫다는 말보다는 부드럽게 "이게 더 나은 것 같아요"라거나 "이 옷이 더 잘 어울리네요"라고 말합니다. 우리는 그렇게 따뜻하고 부드럽게 대화를 하려고 노력해요.

데이빗은 선물로 넥타이를 많이 받는데, 옷을 입기 전에 항상 내게 물어보지요.

"이 셔츠하고 이 넥타이가 어울려요?"

다른 게 좀 더 어울린다고 말하면 꼭 내 의견을 따르지요. 나도 마찬가지고요. 남편은 항아리 스타일 옷을 싫어해요. 그래서 남편이 싫어하는 옷은 여자들 모임에 나 혼자 갈 때만 입지요.

매 순간 서로를 존중하고 아끼며 공유하는 날들

보통 남자와 여자는 쇼핑을 대하는 태도가 완전히 다르잖아요. 어떤 분이 쓰신 부부 상담 책을 보고 그 차이를 더 이해하게 되었어요.

아주 오래전, 남자들은 가족들을 위해 밖에 나가서 사냥을 했지요. 반면에 여자들은 집안일을 비롯해서 여러 가지 일을 했어요. 쇼핑도 이와 마찬가지라는 거예요. 남자들은 필요한 것이 있으면 목표를 향해 나아가요. 그리고 15분 안에 끝내버리죠.

1년 전쯤의 일이에요. 데이빗은 쇼핑을 자주 안 가는데, 그날은 나 혼자 가기 싫어서 같이 가자고 했어요. 물론 큰 기대는 없었어요. 남편이 내게 시간을 많이 안 줄 걸 알았으니까요.

남편은 자기가 필요한 걸 구입할 때 15분 정도면 끝나니까 여유 있게 30분을 주겠다고 하더군요. 여자들은 30분 동안 뭘 할 수 있겠어요? 그만큼 여자와 남자는 달라요.

상담 책을 쓰신 분이 남자는 사냥하듯, 여자는 공원에 가서 꽃 보듯 쇼핑을 한대요. 그 말이 꼭 맞는 것 같아요. 여자들은 한 바퀴 둘러보다가 맘에 드는 게 없으면 다른 곳으로 옮겨서 또 살펴보지요.

또 물건을 구매하지 않고 구경만 해도 기분이 좋잖아요. 그래서 여자들끼리 쇼핑을 하는 게 나은 것 같아요. 나도 내게 잘 어울리는 예쁜 옷은 꼭 자매들이나 친한 식구들과 같이 갈 때 삽니다.

내가 예쁜 옷을 입고 있으면 남편이 좋아해요. 그는 여성스럽고 단정한 차림을 좋아하죠. 너무 눈에 띄지 않으면서 예쁜 것 말이에요. 나도 눈에 띄는 걸 그다지 좋아하지 않아서 그런 스타일을 즐겨 입어요.

동네에 우리가 즐겨 찾는 미용 천사가 있어요. 한국 사람인데 미용을 굉장히 잘해요. 데이빗이 먼저 갔다가 마음에 드니까 내게도 추천해주더군요. 머리를 자르는 기술이 대단했어요. 특별히 그 천사에게 다녀오면 남편이 내 머리가 예쁘게 됐다고 꼭 말해주지요.

나는 결혼 60년 동안 3개의 반지를 받았어요. 약혼반지는 다이아몬드로 받았고, 결혼반지는 화이트골드로 받았지요. 40주년 때는 루비반지를 받았고요. 그리고 50주년 때는 보석가게에 가서 세 개의 반지를 합쳐 예쁜 꽃반지를 만들었답니다. 남편의 아이디어였어요.

우리는 매 순간 서로를 존중하고 아끼며 살고 있어요. 나이 들수록 함께한 시간이 늘어서 더 소중한 것 같아요. 공유한 일과 시간과 추억이 많으니 서로가 더 소중해요. 결혼기념일 선물이 늘어나듯이 사랑도 늘어나나 봅니다.

사모님의 건강관리 비결을 알고 싶어요.

80세가 넘었는데도 우리 부부가 어디나 같이 다니는 것을 보고 사람들이 놀라곤 해요. 우리보다 더 젊은 사람들도 같이 안 다니는 경우가 많은데 우리는 비행기를 타고 세계 여러 나라를 함께 다니니 많이들 놀라워하지요. 모두 하나님의 은혜라고 생각합니다.

동생과 언니는 나만큼 건강하지는 않아요. 비행기도 거의 안 타고요. 우리가 아직 할 일이 남아서 하나님께서 이렇게 다니게 하시는 것 같아요.

우리는 건강을 위해 시간이 날 때마다 자주 걷습니다. 함께 산책하는 걸 무척 좋아하지요. 사실 나는 얼마 전에 골다공증 진단을 받았어요. 의사 선생님에게 조언을 구했더니, 환자 중에 개인 트레이닝(PT)을 받고 놀라울 정도로 호전된 분이 있다며 그 트레이너를 소개해주었어요.

시애틀에 사는 30대 영국 남성인데, 미국 여성과 결혼하면서 이주했더라고요. 자기 집에 자그맣게 체력 단련실을 만들어놓고 운동을 가르쳐줘요. 그는 치료나 재활을 목적으로 운동하는 사람이나 나이 많은 사람에게 특별히 관심이 많아요. 내게 30분 비용을 받고는 45분 정도 지도해주고 있지요.

일주일에 한 번씩 PT를 받은 지 2년이 넘었어요. 많은 사람들이 운동하려고 피트니스 센터에 등록을 하지만 자주 가지는 못해요. 비싼 돈을 내고 안 가는 것보다 일주일에 한 번이라도 꾸준히 하는 것이 더 효과적이라고 생각해요.

허리가 점점 굽는 느낌이 있었는데 PT를 받으면서 예전보다 더 꼿꼿해졌습니다. 기운도 생겼고요. 덕분에 남편과 내 체력이 많이 좋아졌어요. 잔병치레도 거의 하지 않는답니다. 그러다 보니 '60세부터 운동을 했다면 얼마나 좋았을까?'라는 아쉬움이 생기더군요. 예전부터 느끼던 어지럼증도 많이 없어졌습니다.

운동도 하고, 함께 걷기도 하면서 건강하게 살려고 노력하지만 부부 건강에 가장 좋은 것은 둘 사이의 '화목'이라고 생각해요. 친척 중에 부부관계가 안 좋은 분들이 있었어요. 걸핏하면 남편이 아내에게 화를 냈지요. 남편 안에 분노가 있었던 것 같아요. 그런 남편을 둔 아내는 우울증에 걸리기 쉽죠. 화가 많은 사람과 같이 살면 누구라도 아플 거예요.

너무 감사하게도 우리는 서로를 편안하게 해줍니다. 부부가 사랑스러운 눈길로 바라보고 항상 미소 지으며 대화하는 것이 무엇보다 중요하다고 생각해요.

부부 건강에 가장 좋은 것은 '화목'

내가 특별히 예쁘다는 생각은 안 해요. 하지만 내 안에 기쁨이 있다 보니 표정으로 나오는 것 같아요. 나는 미소를 안 지으면 굳은 표정이 돼버려요.

다른 생각을 하거나 책을 볼 때면 그렇더라고요. 하지만 누군가와 함께 있고 대화가 재미있으면 자연스럽게 웃음이 나지요. 억지로 꾸며내는 게 아니라 내 마음이 저절로 웃게 돼요. 하지만 남편은 때로 힘들 거예요. 내 표정을 보면 마음 상태가 어떤지 알거든요. 미안해서 숨기려고 해도 신기하게 다 알아요.

표정을 숨기려고 다른 방에 있어보기도 했는데, 너무 조용하면 데이빗이 꼭 찾아요. 그리고 무슨 일이 있는지, 자기가 말을 잘못한 게 있는지 묻지요. 나를 세심하게 배려하고 보호해줍니다. 이렇게 둘이 함께 오래 사는 것도 주님께 영광을 돌리는 일이지요.

부모는
자녀의 상담자

세 자녀 이야기가 궁금합니다.

우리는 아이를 좋아해서 결혼하기 전에 "만일 하나님이 우리에게 아이를 주시지 않는다면 입양합시다"라고 대화를 한 적이 있어요.

우린 세상의 모든 아이들이 가정을 갖는 것이 하나님의 뜻이라고 생각했어요. 아이들은 부모가 필요하고, 결혼한 부부에겐 자녀가 필요하기 때문이지요. 세상에는 부모의 사랑을 필요로 하는 아이들이 너무나 많습니다.

결혼 후 6년이 지날 때까지 아기가 생기지 않더군요. 그래서 한국에서 사역을 시작한 지 2년쯤 되었을 때 한국 아이를 기쁜 마음으로 입양했지요.

우리 가정의 입양은 오래전부터 하나님이 계획하신 거라고 확실히 믿어요. '내가 낳았으면 더 좋았을 텐데'라고 한번도 생각해본 적이 없어요. 너무 감사하지요.

1963년 여름, 홀트아동복지회를 통해 첫아이를 만났어요. 생후 5일 된 딸 데비는 새까만 머리카락과 맑은 피부를 가지고 있었어요. 우린 천하보다 귀한 생명을 키우는 부모가 된 것에 감격했고 감사했습니다.

당시 우리는 연세대에 있는 조그만 벽돌집에 살았어요. 그무렵 옆집에 살던 언더우드 박사님이 다른 곳으로 이사하면서 그 집에 새로운 선교사 가정이 들어왔어요. 그 선교사 사모님은 출산을 앞두고 있었는데, 나를 굉장히 부러워했어요. 간호사 출신이라 출산할 때 얼마나 힘든지 알기에 더 염려했던 것 같아요.

이사 온 지 일주일 만에 그 분이 아이를 낳고, 나도 가슴으로 아이를 낳았지요. 우리 둘 다 자녀를 낳은 행복한 엄마가 되었답니다. 그녀는 우리 아기가 예쁘다고 자주 말해줬어요.

1년 후에는 생후 5개월 된 사랑스런 아들 데이빗을, 그리고 5년 후에는 생후 1개월 된 어여쁜 딸 베키를 입양했어요. 세 아이를 키우면서 나는 너무나 행복했어요. 그럼에도 주위 시선 때문에 어려움도 있었지요.

하루는 큰아이와 병원에 다녀오다가 길을 건너려고 횡단보도에 서 있는데 어떤 할머니가 나를 한번 보고, 아기를 한

번 보고, 또 나를 쳐다보고 아이를 쳐다보는 거예요. 그러더니 "누구네 아기예요?"라고 묻더군요. 내가 말했지요.

"우리 아기예요. 입양했어요."

그 자리에서 표현은 안 했지만 기분이 안 좋았어요. 우리가 같이 다니면 사람들이 꼭 쳐다봐서 아이들도 신경이 쓰였나 봐요. 그럴 때는 입양했다고 내가 먼저 말했어요. 입양에 대한 사람들의 사고방식이 달라져야 한다고 생각했기 때문이에요.

비단 우리만이 아니라 아기를 낳고 싶어도 못 낳는 분들이 꽤 많거든요. 그런데 주위의 시선 때문에 입양을 못해요. 한국에서 외국으로 입양을 보내는 아이들이 너무 많잖아요. 사실 아이들은 자기 민족과 같이 자라는 것이 좋아요. 그런 면에서 우리는 너무 감사하지요.

입양 후에 우리는 많은 것을 배웠어요. 하나님이 우리를 위해 그들을 선택하셨고, 그들을 위해 우리를 선택하셨다는 것을 깨달았죠.

그 기쁘신 뜻대로 우리를 예정하사
예수 그리스도로 말미암아
자기의 아들들이 되게 하셨으니
엡 1:5

오래전부터 하나님이 계획하신 입양

우리는 그리스도를 믿음으로 하나님 아버지의 아들과 딸로 입양되었지요. 성경에서 말하는 입양은 현실에서 부모가 없는 아이를 입양하는 것과 그 의미가 같답니다.

청년 사역과 집안일과 언어 공부로 바쁠 때는 자녀들과 어떻게 시간을 가지셨어요?

공동생활을 할 때는 기회가 있을 때마다 아이들과 함께 시간을 보냈어요. 일부러 밖에 나가서 같이 놀기도 하고, 집안에서 얘기하기도 했지요. 특별히 토요일은 온전히 아이들을 위해서 지냈어요. 우리 가족만의 시간을 지켰지요. 이태원에 가서 햄버거를 먹고 쇼핑도 했지요.

평일에는 손님들이 계속 오니까 그런 시간을 가질 수가 없었어요. 그런데 애들이 한번도 "아빠는 사역만 해"라며 불평하지 않았지요. 우리는 애들만 남겨두지 않았어요. 모임 중에라도 잠깐씩 애들을 보기도 하고, 틈틈이 시간 날 때마다 놀아주었으니까요.

최근에 큰아이가 예전에 써준 편지를 발견했는데 아마 아버지의 날(Father's Day) 같은 특별한 날이나 생일에 쓴 것 같아요.

자기를 입양해주어서 고맙다고 하며 이렇게 적었더라고요. "You're my only dad(아빠는 내 유일한 아빠예요)."

하나님께서 세 아이를 특별히 보살펴주셨어요. 그래서 외로움이나 과거에 대한 생각이 거의 없는 것 같아요. 우리는 지금도 아주 친밀한 관계를 유지하고 있어요. 사실 우리는 '입양'이라는 말을 별로 좋아하지 않아요.

데이빗과 나는 결혼하기 전에 하나님께서 우리 가정에 아이들을 주실 것을 믿었어요. 물론 어떤 방법으로 주실지는 몰랐지요. 하나님이 자유롭게 하시는 일이니까요. 아이들을 데리고 와서도 어려운 일이 없었고, 한번도 '우리 아이가 아니다'라는 생각을 해본 적이 없어요.

뉴저지에서 살 때 아이들이 한 명씩 와서 조용히 물었어요. "엄마, 셋 중에 내가 제일이지?"

그러면 나는 "물론이지"라고 대답했어요. 한 아이가 와서 물으면 다음 날 또 다른 아이가 와서 똑같이 물었어요. 대답도 똑같이 했지요. 자기들도 다 알았을 거예요. 셋에게 모두 같은 대답을 했다는 걸요.

아이들이 저마다 자기가 특별하다고 생각하는 것은 오히려 내겐 큰 위로가 됐어요. 우리 집 세 아이는 모두 달라요. 하나님의 계획과 순서도 다르고요. 하나님께서 다 아시니까 그분께 완전히 맡겨야 한다고 생각했어요.

아빠는 내 유일한 아빠예요!

비교하는 것은 하나님의 방법이 아닌 것 같아요. 예수님도 제자들을 서로 비교하지 않으셨잖아요. "베드로, 넌 왜 요한 같이 하지 않니?"라고 하지 않으셨지요.

예수전도단을 시작할 무렵 우리는 연희동의 크고 안락한 집에서 살게 됐어요. 원래는 선교사 집이 아니라 전형적인 한국 집에서 살고 싶었는데 말이죠. 하나님이 계획하셨던 것 같아요.

7년간 살았는데, 학교 앞이라 등교하기도 편했어요. 그곳에서의 삶은 아이들에게 가장 좋은 기억으로 남아있어요. 그럼에도 힘든 점이 있었던 것 같아요.

어릴 때는 이모, 삼촌들(간사들과 대학생들)이 놀아주니까 아주 좋았지요. 그러다가 좀 크면서는 집에서 조용히 있고 싶은데 그런 환경이 못 되니 불편해했던 것 같아요. 특히 아들이 그랬어요. 아들 친구 중에도 선교사 자녀가 있었는데, 그 친구 집은 조용한데 왜 우리 집은 그렇지 않냐고 묻더라고요. 사역이 달랐던 거지요.

우리는 대학생 사역을 하다 보니 예수전도단 학생들이 집으로 와서 예배도 드리고 상담도 했어요. 그때 우리 집에 드나들던 사람들은 그 시절을 못 잊어요. 그들에겐 행복한 추억이에요.

한국 문화는 손님 먼저, 손님 중심이잖아요. 그런데 우리
집은 손님들에게 24시간 개방되어 있다 보니 손님이 올 때마
다 아이들에게 인사를 시키진 않았어요. 그것 때문에 "선교
사의 애들이 왜 이렇게 버릇이 없냐"라는 소리도 들었지요.

자녀들의 사춘기는 어떠했는지 궁금합니다.

하나님의 목적을 위해 선택된 우리의 삶은 커다란 모험이었어
요. 사역과 자녀양육 둘 다 포기할 수 없었기 때문이죠. 우
린 마음속 깊이 아이들에게 미안해했어요. 특히 남편은 사역
을 하느라 아이들과 함께하는 시간이 부족했지요.

　우리 아이들도 사춘기가 있었어요. 어떤 상담 책에 이런
말이 있더군요.

　"10대는 부모를 위한 시간이다."

　자녀의 사춘기는 부모가 진짜 어른이 되는 중요한 시기라
고 생각해요. 사춘기 애들은 해서는 안 되는 일을 하고, 꼭
해야 되는 일은 안 하잖아요. 보는 부모들은 답답해하며 실
망도 하지요.

　'우리 애들은 왜 이렇게 버릇이 없지?'

　이런 생각도 하게 돼요. 하지만 부모들이 기억을 못해서

그렇지 자신도 10대에는 그랬을 거예요.

1979년 하와이에서 DTS에 참여했을 때였어요. 남편이 당시 중학교 3학년이던 아들을 위해 기도하는데 하나님께서 '아들에게 가서 사과하라'라고 말씀하셨대요. 그래서 아들에게 용서를 구했어요.

"그동안 아빠가 함께 시간을 많이 보내지 못해서 정말 미안하구나."

그런데 아들은 사과 받기를 거절했어요. 그만큼 상처와 불만이 깊었던 모양이에요. 그렇지만 하나님께서는 '하늘에서는 싸움이 끝났으니 이제 감사기도를 하라'라고 말씀해주셨지요. 그래서 아들의 거절에 개의치 않고 계속 감사기도를 드렸어요. 이후 수양회에 참석한 아들은 완전히 변화됐고, 아빠와 관계도 회복됐지요.

지금 생각해도 아이들한테 너무 고마운 건, 화가 날 때 항상 우리한테만 얘기했다는 거예요. 손님들에게 안 좋은 얼굴을 보였다면 사역이 어려웠을 텐데 전혀 그러지 않았지요.

우리 부부는 아이들이 화를 내면 "미안하구나. 우리는 몰랐어"라며 그냥 받아주고 위로해줬어요. 그리고 화가 어느 정도 가라앉을 때까지 도와줬지요. 하나님이 신실하심을 믿는 아이들이었기에 나중에는 다 이해했어요.

가끔 아들한테 담배 냄새가 났어요. 내가 "아유~ 담배 냄

새!" 하면 아들은 "택시 타고 오는 동안 기사 아저씨가 담배를 계속 피웠어"라면서 이야기를 꾸며 냈어요. 그래도 나는 믿어줬어요.

막내딸도 힘든 일이 있었지요. 딸아이가 백인 남자친구와 이태원에 놀러 나갔는데, 술 취한 아저씨가 아이들을 보고 이상한 관계라고 오해했던 것 같아요. 그 아저씨가 남학생을 때렸더군요. 이 일로 딸이 울면서 집에 온 적이 있어요.

앞에서도 얘기했듯이 공동생활을 하다 보니 우리 가족이 쓰던 2층을 제외하고 아래층에는 늘 손님이 있었어요. 화요일이 아니더라도 항상 예수전도단 학생들이 드나들었죠. 그래서 주말에는 온전히 가족만의 시간을 만들었어요. 손님이 와서 자고 가더라도 주말에는 애들을 데리고 나가 시간을 보냈죠. 주일에는 초교파 선교사 교회에서 예배를 드렸어요.

그때 네 명의 선교사가 돌아가면서 설교를 했는데, 그 중 한 사람이 데이빗이었어요. 그래서 아이들이 아버지의 설교를 들을 수 있었지요. 나도 어릴 때 아버지의 설교를 들으면서 자랐는데, 우리 아이들도 그런 기회를 갖게 된 거예요. 정말 감사했어요.

재미있게도 아들은 남편을 닮았고, 두 딸은 나를 닮았어요. 학교가 집과 아주 가까워서 응접실 큰 창문에서 아들이 축구하는 모습을 볼 수 있었어요. 그런데 축구하는 아이의 모습이 남편하고 똑같았어요.

어느 날 아들이 축구를 하다가 쉬는 시간에 발뒤꿈치를 들었다 내렸다 하는 거예요. 정말 깜짝 놀랐어요. 그 행동은 남편의 오랜 습관이거든요. 자기도 모르게 아버지처럼 하더라고요. 그리고 큰딸의 웃는 얼굴이 나와 똑같다고 많은 사람들이 말해요. 막내딸은 정말 놀기를 좋아해요. 나를 닮아서 친구를 무척 좋아하죠.

자녀들의 신앙생활과 학습, 그리고 훈육방법에 대해 듣고 싶습니다.

우리는 식사를 할 때 다 같이 손을 잡고 식사기도를 했어요. 우리 부모님이 꼭 그렇게 식사기도를 하게 하셨거든요. 공동생활을 하느라 항상 바빴지만 아이들이 잠자리에 들기 전에 한 명씩 기도해주고 책을 읽어줬어요.

성경만 읽은 건 아니고 신앙 서적도 읽어줬지요. 아이들이 아직도 그 책들을 기억해요. 하나는 치유사역자 캐서린 쿨만이 쓴 책이고, 다른 한 권은 어느 선교사가 쓴 팀워크에 대한 책이었어요. 책 제목은 정확하게 기억이 안 나네요. 하지만 아이들이 아주 좋아했어요. 의미 있고 좋은 시간이었지요.

아이들이 대학에 가고 나서는 각자 나름대로 신앙생활을 했죠. 셋 중에서 큰아이만 DTS, 성경학교, 상담학교를 수료했어요. YWAM 학교 과정은 일반 학교에서도 학점이 인정돼요. 그래서 큰아이는 2년 만에 대학을 졸업하고, 대학원에 갔지요. 그곳에서 사회학을 전공했고, 신앙생활을 제일 부지런히 했어요.

현재 자녀들 모두 믿음생활을 잘하고 있고, 그들의 배우자들도 마찬가지입니다. 우리는 항상 기도제목을 나누고 서로를 위해 기도해요.

아이들은 외국인학교(국제학교)에 다녀서 과외활동을 충분히 할 수 있었어요. 스스로 책임감 있게 공부하기도 했고요. 학교에 공부할 수 있는 공간이 따로 있어서 공부하다 오기도 했고, 숙제 같은 건 많지 않았지요.

"부모는 자녀의 _____ 이다"에 어떤 말이 들어가면 좋을까요?

부모는 자녀의 '상담자'라고 생각해요. 가끔 딸들이 남편과 싸우거나 속상한 일이 있거나 애들한테 문제가 생기면 우리에게 얘기를 합니다. 우리 아이들이 클 때는 삶이 단순했던 것 같아요. 집도 학교 맞은편에 있었고요. 물론 한 아이씩 자기 나름대로 사건이 있었지만요.

아들은 어릴 때부터 등을 만져주는 것을 좋아했어요. 자기 전에 부드럽게 등을 만져주면 금세 잠들곤 했어요. 그런데 10대가 되니까 자기 전에 책 읽어주는 것도 싫어하고, 말도 잘 안 하고, 그냥 자려고 엎드려 있었지요(아마 자기 방에 우리가 들어가서 얘기하면 담배 냄새가 날까 봐 싫어했던 것 같아요). 그래도 기도해주고 등도 만져주었어요. 그러면서 관계가 계속 이어졌지요.

아들은 우리가 하와이에 갔을 때 YWAM 캠프를 통해 하나님을 만나고 과거에 있었던 일을 모두 고백했어요. 딸들은 같이 책도 보고 대화하고 기도하면서 친밀하게 지냈죠. 모두 시애틀에서 가까이 사니까 지금도 종종 만나요. 내가 어떻게 지내냐고 묻지 않아도 먼저 이 얘기 저 얘기를 해주니까 좋더라고요. 얘기를 나누다 가끔 울 때도 있어요. 그런 게 무척 고맙지요. 그만큼 친밀한 거니까요.

딸들과는 아무리 바빠도 한 달에 한 번은 꼭 만나요. 만나면 안아줄 수 있어서 정말 좋아요. 아들은 멀리 플로리다에 살지만 우리는 아들 가족과도 친밀하게 지냅니다.

아이들뿐 아니라 손자 손녀들도 항상 우리의 기도제목이

에요. 올바르게 은혜롭게 주님 중심으로 살도록 기도하죠. 하지만 손주들을 떠올리며 기도하다 보면 마음속에 염려나 근심이 생길 때도 있어요. 완전히 주님께 올려드려도 계속 생각이 나지요. 그럴 때는 이렇게 생각해요.

'우리는 손자 손녀에게 할머니 할아버지일 뿐, 엄마 아빠가 아니다. 그들에 대한 책임은 그 부모에게 있다. 해결책은 내게 없다.'

그러면서 안정감을 찾지요.

항상 기도제목을 나누고 서로를 위해 기도하는 가족

사역자의
재정 관리

사역 재정은 어떻게 일으키셨는지요?

재정에 대해 할 얘기는 간단해요. 별로 걱정하지 않는 대신 주님을 의지했지요. 사실 우리끼리 대화할 때도 재정에 대한 질문을 많이 받아요. 미국에서는 집이 있으면 세금이 많이 나와요. 그것도 계속 올라가지요. 보험회사에서는 텔레비전을 통해 계속 광고합니다. 집이 있다면 그 집값을 빼서 생활하라고요.

나이가 많은데 집이 왜 필요하냐고 할 수도 있어요. 하지만 우리는 집을 담보로 돈을 빼서 생활하지 않겠다고 결단했어요. 앞날을 위해서요. 가족이 큰 수술을 하게 되거나 어려움이 생기면 모르지만 생활을 위해서는 빼지 않도록 애쓰자고 했지요.

앞날에 대해서는 걱정하지 않아요. 필요할 때마다 기대하지 않은 데서 선물이 옵니다. 지인들이 경제적으로 감사한 일이 생기면 감사헌금을 우리에게 보내주기도 합니다. 또 식사를 같이 한 다음에 안아주면서 봉투를 줄 때도 있지요.

어떤 때는 그 돈을 은행에 바로 저금하지 않아요. 우리가 받은 것을 나눠야 할 사람이 생각나기도 하거든요. 우리의 재정에 대한 비결은 '관대함'인 것 같아요. 재정을 모으려 하기보다 하나님이 축복해주신 것을 우리보다 더 필요한 사람과 가정에게 나누는 것이죠.

우리는 모금활동을 잘 못해요. 지금까지 하나님이 계속 공급해주셨어요. 미국 선교부에 소속되어 있을 때는 월급이 나왔어요. 다른 선교사들은 사역을 위해서, 일을 위해서 월급을 요구하지요. 하지만 우리 같은 사역을 하는 사람은 월급이 없잖아요. 때마다 주님이 주시는 것밖에 없었어요.

그래서 정말 설명하기 어려워요. 주님만 아시지요. 우리는 요즘도 비행기를 많이 탑니다. 그런데 여비도, 항공료도 지원이 안 될 때가 있어요. '한반도를 위한 기도모임' 등은 예산이 넉넉하지 않으니까요.

그런데 신기하게도 처음 만난 사람이 재정을 주는 경우가 있어요. 또 가정에 급하게 돈이 필요할 때도 그 상황을 모르는 누군가가 돈을 보내주는데, 딱 필요한 액수만큼 주시는 거예요. 정말 설명하기 어려운 일들이지요.

매월 정기적으로 후원해주시는 분은 드물어요. 미국에 와서 생활할 때는 가까운 분들이 많이 도와주었지요. 차가 필요할 때는 운전도 해주었고요. 생각지도 못한 도움을 많이 받았습니다.

후원해주신 분들에게 늘 감사한 마음을 갖고 있어요. 이 책을 통해 그동안 우리 부부를 후원해주신 분들께 감사 인사를 드리고 싶어요. 또한 예수전도단 사역자들을 위해 기도하고 재정으로 후원해주신 모든 분들께 정말 깊은 감사 인사를 전합니다.

신실하신 주님께 힘에 부치도록 기쁘게 순종하는 훌륭한 분들이 있었기에 우리가 계속 사역하고 있다고 생각합니다. 하나님나라를 함께 확장하고 있는 동역자들이지요.

예수전도단을 시작하지 않고 남장로회 선교부에 그대로 계셨다면 재정이 안정적이지 않았을까요?

그랬다면 재정적인 필요는 계속 채워졌겠지요. 예수전도단을 1972년에 세우고 1980년까지 8년 동안 우리는 장로교 선교 사무국 소속으로 남아있었어요. 앞에서도 말했듯이 선교사무국을 떠나 YWAM에 합류하기로 한 것은 선교 전략적인 이유였지요.

예수전도단 사람들이 문화를 넘어서는 선교사로 전 세계에 나아가기를 원했습니다. 예수전도단 멤버들은 장로교인뿐 아니라 침례교, 감리교, 루터교, 순복음, 성공회 등 초교파적이었고 몇몇 가톨릭 신자들도 있었어요. 그래서 우리는 초교파적 사역을 해야만 했고, YWAM은 그 방법을 알려주었지요.

우리가 YWAM에 합류한 것은 재정적인 결정이 아니었어요. '믿음으로 사는 삶'을 원했기 때문이 아닙니다. 단순히 월급이 없는 사람들만 믿음으로 살아야 하는 것은 아니에요. 모든 그리스도인들은 믿음으로 살도록, 모든 것의 근원이 되시는 하나님을 신뢰하도록 부르심을 받았습니다.

어떤 때는 급여를 받는 생활을 하는 사람이 정해진 급여가 없는 사람보다 믿음으로 살기가 더 어려울 때도 있습니다. 본질은 '재정을 포함한 모든 영역에서 하나님을 신뢰하는가'에 있죠.

직장에서 월급을 받으며 일하든, 보장된 수입이 없이 살든, 자비량 선교를 위해 파트타임으로 일을 하든 상관없이 우리는 하나님을 신뢰해야만 합니다. 하나님은 우리에게 그분을 신뢰하라고 명하세요. 그렇지만 또한 다른 사람들에게 관대하라고 명하시지요.

우리가 YWAM에서 사역을 시작할 때는 정해진 사례가 없었습니다. 그렇지만 하나님께서는 지금까지 우리의 모든 필요를 때로는 기적적인 수단들을 통해, 가족을 통해, 사역을 지지하는 분들을 통해 공급해주셨어요.

내 여동생의 남편은 믿음이 크고 관대한 사람입니다. 재정적으로 우리를 계속 축복해주었고 항공료나 다른 응급 상황들, 또한 우리 세 자녀의 대학 등록금 중 상당 부분을 지원해주었지요.

시애틀에 있는 우리 집도 한국 친구들로부터 받은 선물이에요. 그들이 우리가 미국에서 거주할 곳까지 배려해주리라고는 생각도 못했습니다. 그런데 데이빗이 환갑이 되던 해에 전 세계에 있는 450명의 한국인 친구들로부터 너무나 깜짝 놀랄 선물을 받았지요. 이 선물을 통해 우리는 새로운 집 구입비용을 대부분 낼 수 있었습니다.

이런 특별한 선물을 위해 그들이 서로 연락하고 있었다는 것도 우리는 몰랐어요. 그들은 우리 집을 '시애틀의 베다니'라고 불러요. 예수께서 마리아와 마르다와 나사로를 자주 방문하셨던 것처럼 우리 집을 방문하는 사람들도 우리의 따뜻한 환영을 통해 예수님을 만났으면 해요.

때로는 우리 수입을 위해 부분적으로 일을 해야 할 때도 있었어요. 그렇지만 보장된 재정 지원 없이도 주님을 신뢰하며 경험한 가장 큰 축복은 관대함의 기쁨이에요.

우리는 고린도후서 9장 8절 "하나님이 능히 모든 은혜를 너희에게 넘치게 하시나니 이는 너희로 모든 일에 항상 모든 것이 넉넉하여 모든 착한 일을 넘치게 하게 하려 하심이라"라는 말씀을 전제로 한 진리를 배우고 또 배워가고 있어요. 고린도후서 8장 1-5절에서 마게도냐의 교회들이 했던 것과 같이 '관대함이 넘쳐나는' 사람들이 되길 바랍니다.

하지만 큰 관점에서 보면 우리의 결정에는 재정적인 적용들도 있었어요. 우리가 선교사가 되기를 격려했던 젊은 사람들은 부자가 아니었고, 그들의 교회도 그들을 다른 나라로 파송하고 재정을 지원할 형편이 못 되었어요.

그래서 우리가 정해진 월급을 받는 위치에서 벗어나자 그들에게 모든 것에 하나님을 신뢰하고 모든 일에 관대하기를 격려할 수 있었지요.

그 결과 오늘날 많은 선교사들이 선교지에 나가서 하나님의 공급하심을 경험하고, 다른 이들에게 관대히 대하는 것을 배우며, 새로운 선교사들을 세워나가고 있지요. 한국으로부터 나간 전 세계의 많은 선교사들이 그들이 섬기는 나라 사람들의 아름다운 관대함으로 인해 놀라게 되기를 우리는 계속 기도합니다.

Journey of Joy

A Lifetime of Intimacy with God

Part 4

비전과
함께하신
하나님

북한 사역에
대해

북한 사역을 시작하신 계기가 있는지요?

1961년, 한국의 어느 학교 교실에서 대한민국 지도를 본 적이 있어요. 남한만 그려진 절반뿐인 지도였지요. 나는 미국에서 남북이 모두 그려진 큰 지도를 봤거든요. 그래서 항상 내 안에 질문이 있었어요.

'기차 타고 대구에 가는 시간이면 북한도 갈 수 있을 텐데….'

우리는 한국에서 사역을 시작한 초창기부터 북한을 위해 기도하며, 하나님께서 자기 백성들을 구원하시기를 위해 기도했어요. 북한을 향한 우리 사역은 기도로 시작했고, 기도 안에서 끝날 거예요. 한반도의 미래는 하나님의 손안에 있습니다. 그분이 자기 백성들의 기도를 들으시고, 회복시키실 것입니다. 1979년 2월 24일, 친구들과 함께 기도하는 중에 데이빗이 한 환상을 보았어요. 이전까지는 환상을 본 적이 없는데 그때 무언가를 보았대요. 한반도의 북쪽은 마른 뼈같이 먼지가 많았고, 남쪽은 아주 크기는 하지만 속이 썩어 있는 감처럼 보이더랍니다.

하나님께서 남한은 열매는 많지만 그리스도인들이 북한을 위해 중보하지 않고 원수로 여기기 때문에 썩어가고 있음을 보여주신 거죠. 심지어 그리스도인들이 북한을 사단의 영역으로 여기고 두려워하면서 하나님께서 북한 땅에 부흥을 가져오실 것을 믿지 않는다는 것도 보여주셨어요.

그러나 하나님께서는 북한이 마르고 황폐한 뼈와 같아도 전에는 남한의 열매 맺는 교회들의 '어머니'였음을 알게 하셨지요. 이를 통해 우리는 하나님은 제한을 받지 않으시며, 북한에서 그분의 뜻을 쉽게 이루실 수 있음을 깨달았습니다.

남한이 회개하고 불순종의 죄로부터 용서받을 때에 우리도 에스겔과 같이 주님이 성령으로 마른 뼈에 생기를 불어넣으시도록 담대하게 기도할 수 있을 겁니다.

하나님께서는 데이빗에게 남한과 북한에 가지를 드리운 큰 나무를 보여주셨어요. 그 뿌리 한쪽은 성령의 물인 바다에 또 한쪽은 하나님의 말씀인 땅에 박혀있었지요. 한반도 전역을 아우르는 큰 부흥을 보내실 것을 보여주신 것입니다.

또한 그 나무는 열매들로 덮였는데, 누군가 나무를 흔들자 일본과 중국, 러시아(특별히 동부 지역)에 흩어져 떨어졌으며, 알래스카와 대양 남쪽 섬에까지 이르렀답니다.

우리는 전 세계의 교회들이 하나님과 한반도 남쪽, 북쪽의 그리스도인들을 대적한 많은 죄들을 회개할 때, 다시 한번 그분의 얼굴빛을 그의 백성들에게 비추시며 남북이 '한 백성'으로 능력 있게 세계선교에 쓰일 것을 믿고 기도합니다.

예루살렘이여

내가 너의 성벽 위에

파수꾼을 세우고 그들로 하여금

주야로 계속 잠잠하지 않게 하였느니라

너희 여호와로 기억하시게 하는 자들아

너희는 쉬지 말며

또 여호와께서 예루살렘을 세워

세상에서 찬송을 받게 하시기까지

그로 쉬지 못하시게 하라

사 62:6,7

나는 이 말씀을 성경 뒤에 적어놓고 늘 기도하지요.

'하나님, 동양의 예루살렘 평양을 세워 영원한 가운데 찬송

받으시기까지 죄송하지만 쉬지 못하시도록 하겠습니다.'

사실 우리의 북한선교는 1986년에 한국을 떠나면서 비로소 새로운 차원에서 시작되었어요. 우리가 계속 한국에 머물렀다면 지금처럼 북한선교를 하기는 힘들었을 거예요.

북한을 위해 계속해서 기도를 해오긴 했지만 한국에서 나오고 나서야 '북한에도 한번 가볼까?' 하는 마음이 들었지요. 뉴욕에는 북한에 대해 얘기하는 사람들이 많았어요.

당시 한국에서 나가게 된 것이 하나님의 섭리였는데 하나님의 음성을 듣는다고 하면서도 잘 몰랐어요. 나중에 깨닫고 하나님께 얼마나 감사했는지 모릅니다.

남편의 친구 중에 영락교회 부목사였던 홍동근 목사님이 있어요. 이 분이 미국에 가는 도중 일본에 잠시 들렀다가 조총련 학교를 보게 된 거예요. 당시 한국은 일본에 사는 교포들을 위한 교육이 별로 없었는데, 북한은 놀랍게도 그걸 하고 있었지요.

홍 목사님이 그것을 보고 감동을 많이 받았어요. 그 분의 부모님이 다 북한에 계셔서 그랬는지 그도 북한에 가보고 싶어 했지요. 그래서 미국 LA에 교회를 개척하고, 북한을 방문하기 시작했어요. 그러다가 김일성대학 종교철학과에서 1년에 두 차례 정도 학생들을 가르쳤고요.

그 사이 우리는 성령세례를 받았어요. 나중에 뉴욕의 한

식당에서 그를 우연히 만났지요. 홍 목사님이 웃으면서 이렇게 묻더군요.

"오 목사, 아직도 성령 얘기만 해?"

데이빗이 말했어요.

"홍 목사님, 아직도 북한에만 가시는 거예요? 나도 한번 데리고 가요."

2000년에 홍 목사님이 돌아가신 다음, 사모님이 우리를 북한에 데리고 가주셨어요. 그 후로 몇 번 더 왕래하면서 '남한과 북한은 하나'임을 느끼게 됐지요. 한국에서 나오지 않았다면 그런 일들을 못했을 거예요.

선교학에서는 거주 선교사와 비거주 선교사가 있다고 하거든요. 선교지에 거주하며 사역을 하다가 오랜 시간이 지나면 비거주하면서도 같은 일을 다른 관점에서 할 수 있다는 거지요.

우리는 하나님께서 왜 북한에 가라고 하셨는지 한국에서 나온 후에 분명히 깨달았습니다. 그제야 북한을 향한 하나님의 계획을 전 세계적인 차원에서 보게 되었거든요. 북한을 위해 수십 년 전부터 기도해온 한국 사람들이 많아요. 또한 한국 사람이 아닌데도 열심히 기도하는 분들이 있습니다.

스웨덴에서 만난 한 80대 할아버지는 눈물을 흘리면서 한반도를 위해 기도하셨어요. 유럽에도 북한을 섬기는 선교단체들이 있어요. 단체 대표들이 매년 2박 3일씩 모여 기도하고 서로 격려하는 시간을 갖습니다. 우리도 해마다 참석하여 함께 기도하는데 2017년에는 베를린에서, 2018년에는 헝가리 부다페스트에서 모였어요.

유럽은 북한선교에 적극적으로 참여하고 있어요. 농업 기술 지원 및 공동체 개발 프로젝트라든지 언어교육, 해외 북한 노동자 지원 등 다양한 영역에서 돕고 있지요. 유럽의 그리스도인들은 한반도(남북 모두)의 치유와 회복에 많은 관심이 있어요. 많은 분들이 한반도의 평화적인 통일을 위해 매일 기도합니다.

고통이 있겠지만 이제는 북한의 문이 열릴 거예요. 비행기를 타지 않더라도 기차로 서울에서 파리까지 가는 날이 올 것입니다. 우리는 통일이 되면 원산에서 살고 싶어요. 그곳은 바다가 아름답고 경치가 좋더군요. 더구나 1907년 대부흥이 시작된 곳이기도 하지요.

한반도를 향한 하나님의 뜻은 무엇일까요?

우리가 북한을 사랑하게 된 것은 평양과 또 다른 지역을 방문한 다음부터였지요. 한 사람 한 사람을 잊을 수가 없었어요. 평양에서는 가이드 외에는 인사하기가 어려워서 그들이 가장 많이 떠올라요. 그렇지만 다른 지역에서는 평범한 북한 사람들을 만날 수 있었어요. 아름다운 사람들이었습니다.

남북통일도 물론 중요하지만 일단 평화가 우선이지요. 핵무기는 예수님 오실 때까지 사용하지 말아야 해요. 전 세계 모두 말이에요. 전쟁이 시작되면 큰일 나니까요. 그런데 어떤 사람들은 모든 나라들이 핵무기를 보유하고 있는 것이 오히려 낫다고 생각하나 봐요.

요새 지진으로 어마어마한 피해를 입는 경우도 많지만, 이는 우리가 어떻게 할 수 없는 일이잖아요. 하지만 무기는 다르지요. 무기를 사용하는 전쟁은 없어야 해요.

안디옥세계선교훈련원의 주된 사역 중 하나가 바로 북한선교입니다. 훈련원에는 북한연구 자료관을 비롯해 북한연구 학교가 있지요. 우리는 '뉴코리아 섬김학교(NKSS)'라고 부르고 있어요. 또 북한선교를 위해 각국의 중보기도팀과 연합해 기도하며 구제사업을 펼치고 있답니다.

특히 NKSS는 국제 YWAM의 선교훈련 과정 중 하나입니다. 이곳에서 북한을 향한 하나님의 관점과 실제적으로 북한에 접근하는 전략을 배울 수 있지요.

오늘날 한반도가 역사상 중요한 교차로에 서 있다고 생각해요. 만약 하나님의 성령이 강력하게 역사하신다면 한반도는 세계를 향한 하나님의 '등대'가 될 것이며, 모든 인류에게 하나님의 약속을 전달하는 역할을 수행할 것입니다.

그러나 거룩함과 의로움과 공정함이 다시 한반도 전체를 다스리지 못한다면 전 세계에 커다란 파괴를 가져다줄 혼돈의 장소가 되겠지요. 선택은 예수 그리스도의 교회, 즉 하나님의 사람들에게 달려있습니다.

우리가 북한선교를 준비하면서 중점을 두는 것은 어린이들입니다. 최근 북한의 경제력이 좋아졌다지만 아직도 어린이들은 영양실조로 심각하게 고통받고 있어요. 하나님께서는 북한 어린이들을 위해 일하고 계십니다.

이스라엘 백성들이 광야에서 40년간 방황할 때 가장 두려웠던 건 그들의 자녀가 죽어서 소멸되는 것이었어요. 그러나 하나님께서는 그들에게 이렇게 말씀하셨지요.

"너희가 사로잡히겠다고 말하던 너희의 유아들은 내가 인도하여 들이리니 그들은 너희가 싫어하던 땅을 보려니와"(민 14:31).

하나님께서는 이스라엘 백성들에게 그들의 자녀들을 초자연적으로 보호하실 것이라고 말씀하셨고, 실제로 그렇게 하셨어요. 이것은 오늘날도 마찬가지입니다. 어른인 우리 부모의 죄악이 자녀들에게 비극으로 나타나는 것이죠. 오래전 이스라엘의 어린이들이 어려움을 겪었던 것, 현재 북한의 어린 이들이 고통받는 것은 바로 지도자들이 하나님을 섬기지 않은 직접적인 결과입니다.

누구의 죄일까요? 바로 아버지들의 죄입니다. 어떤 죄일까요? 주님을 따라 살기를 거부한 죄입니다. 물론 그것은 북한 지도자들의 죄입니다. 그러나 그곳 지도자들의 죄일 뿐만 아니라 바로 우리의 죄이기도 합니다.

다시 말하면 고통받는 어린이들을 돕기 위해 아무것도 하지 않으면서 신앙적으로만 왈가왈부한 죄, 하나님께 형식적인 예배를 드리는 것처럼 공허한 기도만 한 죄, 자기 백성을 인도하시는 하나님의 능력을 의심한 죄 등입니다.

수년 전에 하나님께서는 데이빗에게 북한 어린이에 대한 환상을 보여주셨어요.

'아이는 며칠 전 아홉 살 생일이 지났어요. 아이는 새로 파묻은 형의 무덤 옆에 무릎을 꿇고 있어요. 아이는 정말 혼자 남겨졌어요. 어머니는 2년 전에 영양실조로 죽었고, 아버지는 음식을 구하는 중에 없어졌어요. 이 작은 소년에게는 살아남을 수 있는 어떤 희망의 끈도 보이지 않았지요.'

그런데 환상은 계속되었습니다. 아이는 마음속 깊은 곳에서 울부짖고 있었어요.

"내가 죽지 않고 살아서 여호와께서 하시는 일을 선포하리로다"(시 118:17).

이 소년은 하나님께서 아직 죽게 내버려두지 않으신 북한의 많은 어린이들 중 하나입니다. 하나님께서는 그를 택하여 '사망의 음침한 골짜기'를 지나게 하심으로써, 세계를 향한 복음전도자가 되도록 준비시키고 계십니다.

통일 준비에
대해

미국 시애틀에서 살면서도 통일한국을 위한 사역을 멈추지 않으셨다고 들었습니다.

우리는 남북통일을 위해 계속 기도하고 있어요. 나는 탈북자들에 대해서도 관심이 많아요. 그들을 위해 우리가 할 수 있는 제일 좋은 일은 그들의 이야기를 들어주는 거예요. 가만히 얘기를 들어주는 것도 치유하는 방법 중의 하나라고 생각하거든요.

요새는 난민 사역(refugee ministry)을 하는 분들이 많아요. 많은 교회에서 탈북민을 위해 사역하고 있지만, 이 사역은 몇몇 학교나 교회를 통해서만 되는 일이 아닌 것 같아요. 모든 사람들의 마음에 사랑이 넘쳐야 가능한 일이지요.

나는 탈북민들을 볼 때마다 자식 같다는 생각이 들어요.

한 자매는 내게 입양을 해달라고까지 하더군요. 몇 년 전에 코나에서 한 탈북 자매를 만나 같이 예배를 드리고 강의도 들었어요. 그곳에서 위로의 시간을 보냈지요.

로렌 커닝햄 목사님이 그 자매에게 목요모임에서 간증해줄 것을 부탁했어요. 자매가 주차장을 왔다 갔다 하면서 간증 연습을 하더라고요. 그래서 내가 성령님이 임하셔서 모든 사람들이 간증을 듣고 은혜를 받아 남북통일을 위해 기도하도록 중보하겠다고 격려해줬지요.

통일이 된다면 지금과 같은 사역을 하고 싶어요. 한국에서나 미국에서나 하루하루 하나님이 주시는 대로 사역했던 것처럼요. 우리는 외롭거나 할 일이 없거나 만남이 없는 날이 거의 없어요. 옛날 생각을 떠올릴 겨를이 없는 것이 너무 감사해요. 그래서 더 건강한 것 같아요.

남북통일은 왜 중요할까요?

남편과 나는 이 부분에 의견이 완전히 일치해요. 그래서 남편이 정리한 글을 토대로 나눌게요.

아직도 경제적, 정치적 이유로 통일을 두려워하거나 심지어 반대하며 전혀 관심을 갖지 않는 이들이 있지요. 그러나 실상은 반대입니다. 통일된 코리아는 경제적으로도 부유하며 동북아시아에 영향력을 미치는 강한 나라가 될 거예요. 하지만 경제적, 정치적 이유보다 더 중요한 이유가 있습니다.

하나님께서 한반도를 하나의 나라, Korea로 살아가도록 지으셨기 때문입니다. 하나님은 두 개의 분리된 국가로 살아가는 것을 결코 인정하지 않기 때문이지요. 또 새롭게 된 한반도를 통해 세계 많은 나라를 축복하려는 큰 계획을 하나님이 갖고 계시기 때문입니다. 우리는 그것을 확신합니다.

남과 북이 다시 하나 되었을 때, 찢어진 가정이 다시 돌아오는 위대한 치유를 상상해봅시다. 복음이 북한의 모든 들판과 시골 마을을 관통해서 기독교인들이 떳떳하고 담대하게 예배를 드리고 복음을 증거하는 모습을 생각해봅시다.

남북한 통일을 이루는 하나의 열쇠는 북에서 내려온 3만여 명의 탈북민입니다. 북에서 남으로 그 수많은 사람들을 내려 보내신 하나님의 커다란 목적은 무엇일까요?

인간적인 해답은 그들이 박해 때문에 내려왔거나 북에 있는 그들의 가족을 먹여 살리기 위한 방법을 찾으려고 내려왔다는 것이지요. 그러나 우리는 하나님의 뜻이 무엇인지를 알아야만 합니다. 나뉘어 있는 한 민족을 다시 만나게 하려고 북에서 남으로 보내신 것이라고 우리는 믿습니다.

만남을 통해 우리는 서로 통일을 준비할 수 있습니다. 70년 이상 떨어져서 살아와 두 개의 다른 문화가 생겨났어요. 서로 더 많이 배워서 알아가고 더 많이 이해해야 합니다. 다시 한번 더 이 민족을 축복하시고 용서하시며, 준비시키시고, 놀라운 방법으로 사용하시는 하나님의 은총과 사랑을 우리 모두 깊이 생각해야만 합니다.

무엇보다 기독교인들이 북한에 대해 한마음과 한뜻이 되는 것이 매우 중요합니다. 공산주의가 좋다는 것이 아닙니다. 공산주의는 인간 관심사에서 하나님을 없애버린 나쁜 체제입니다. 하나님을 경배하지 않는 어떠한 정치적인 체제도 나라를 새롭게 하거나 번영하게 할 수 없습니다. 기독교인으로서 우리는 정치를 넘어서서 하나님의 뜻을 구해야만 합니다.

우리가 하나님의 뜻을 알게 되면, 우리는 성령이 이끄는 대로, 성령의 하나 됨 안에서 하나님의 뜻에 복종해야만 합니다. 하나님은 기도하는 그의 백성들에게 응답하십니다. 기도는 하나님의 명령이고 하나님을 경배하는 것입니다. 우리는 하나님께서 우리의 기도를 들으시고 응답하시는 것을 알고 있기 때문에 기도합니다(요일 5:14, 15).

시애틀 안디옥세계선교훈련원 전경

우리가 하나님의 말씀을 근거해서 기도할 때, 하나님께서 한반도에 강력한 길을 인도하실 것입니다. 우리는 한반도의 구원을 위해서 무슨 일이 일어날 것임을 매일 확신하고 있습니다.

하나님께서 세계를 변화시키기 위해서 사용하시는 전 세계적인 중보기도자의 위대한 군대에 동참하길 바랍니다. 또 많은 분들이 말씀 안에 거하는 생활을 하길 바랍니다. 그분의 생명이 우리 안에 더 풍성해지고 성령이 우리 삶 속에서 더 강하게 역사할 것입니다.

남편과 나는 한국을 아주 많이 사랑합니다. 한국에 와서 진정한 하나님의 사랑을 알게 됐고, 선교는 사랑이라는 것을 배웠지요. 앞으로 우리에게 주어진 시간도 북한선교와 재외 한인을 위해 보낼 것입니다. 한국은 우리 삶의 중심입니다.

매 순간 내 마음을 하나님께 드리며

지나온 80여 년을 돌아보면서 사모님이 가장 잘하신 일은
무엇인지요?

하나님과 동행한 것이 가장 잘한 일이라 생각하지요. 모든
일에 하나님은 나와 항상 함께하셨습니다. 그것을 알 수 있
는 것은, 내가 하나님과 항상 함께 있었다고 생각하기 때문
입니다. 매 순간 내 마음을 그분께 드렸습니다.

　아침에 일어나면 하나님께 감사하고 "할렐루야" 하면서
주님을 찬양합니다. 그리고 종일 하나님과 대화를 합니다.
주님은 좋은 분이라고 말하고, 주님께 사랑한다고 고백합니
다. 무슨 일이든지 주님의 뜻을 묻고 늘 그분의 사랑을 기억
하며 아침에 묵상한 말씀을 되새깁니다.

집안일을 하든지, 여행을 하든지, 또 사역을 할 때에도 마찬가지입니다. 저녁에 잠들 때에도 하나님과 조용히 대화합니다. 꿈속에서도 주님과 함께하고 싶은 간절함이 늘 있습니다. 생활 속에서 무슨 일이 있더라도, 기쁠 때에도 눈물이 날 때에도 혹 근심이 있을 때에도 주님 얼굴을 바라본 것이 가장 잘한 일입니다.

그리고 그때마다 주님이 주신 위로와 사랑과 지혜로운 말씀을 받아들였습니다. 주님과 함께했기에 내 삶은 전부 기쁨입니다. 기쁨으로 한평생 살고 있습니다.

어린 시절 가족과 함께한 시간, 데이빗과 결혼하고 세 자녀와 함께한 가정생활, 한국에서 선교사로 살았던 시간, 그리고 지금까지도 내 삶은 기쁨의 연속입니다. 마음 아프게 겪었던 추방까지도 되돌아보면 주님과 함께했기에 의미가 있습니다. 그래서 내 삶은 한마디로 '기쁨의 여정'이라고 말할 수 있어요.

그러나 내 여정은 여기가 끝이 아닙니다. 사실 나는 지금 뒤를 돌아보며 살고 있지 않습니다. 거듭 말하지만, 아직 할 일이 많습니다. 이루지 못한 비전이 있지요.

여러 나라에서 수고한 선교사들이 쉴 수 있는 장소를 마련하는 일도 해야 하지요. 특히 은퇴한 선교사들을 위한 집이 있으면 좋겠어요. 또 도움이 필요한 여성들을 위로하고 상담하는 일도 내 일이라고 생각합니다.

무엇보다 한반도가 하나로 치유되고 회복되는 일에 힘쓸게 무척 많지요. 그래서 나는 뒤를 돌아보기보다는 기쁘게 앞을 향해 걷고 있습니다.

기쁨의 여정

초판 1쇄 발행   2019년 1월 2일
초판 2쇄 발행   2019년 1월 15일

지은이   엘렌 로스

펴낸이   여진구
책임편집   김아진, 권현아
편집   안수경, 최현수, 이영주, 김윤향
책임디자인   노지현, 조아라 | 마영애
기획 · 홍보   김영하   해외저작권   기은혜
마케팅   김상순, 강성민, 허병용   마케팅지원   최영배, 정나영
제작   조영석, 정도봉   경영지원   김혜경, 김경희

이슬비전도학교   최경식   303비전성경암송학교   박정숙
303비전장학회 & 303비전꿈나무장학회   여운학

펴낸곳   규장

주소 06770 서울시 서초구 매헌로 16길 20(양재2동) 규장선교센터
전화 02)578-0003   팩스 02)578-7332
이메일 kyujang0691@gmail.com   홈페이지 www.kyujang.com
페이스북 facebook.com/kyujangbook   인스타그램 instagram.com/kyujang_com
카카오스토리 story.kakao.com/kyujangbook
등록일 1978.8.14. 제1-22

ⓒ 저작자와의 협약 아래 인지는 생략되었습니다.
이 출판물은 저작권법에 의해 보호를 받는 저작물이므로 무단 전재와 무단 복제를 할 수 없습니다.

책값 뒤표지에 있습니다.
ISBN 978-89-6097-564-4 03230

규 | 장 | 수 | 칙

1. 기도로 기획하고 기도로 제작한다.
2. 오직 그리스도의 성품을 사모하는 독자가 원하고 필요로 하는 책만을 출판한다.
3. 한 활자 한 문장에 온 정성을 쏟는다.
4. 성실과 정확을 생명으로 삼고 일한다.
5. 긍정적이며 적극적인 신앙과 신행일치에의 안내자의 사명을 다한다.
6. 충고와 조언을 항상 감사로 경청한다.
7. 지상목표는 문서선교에 있다.

하나님을 사랑하는 자 곧 그의 뜻대로 부르심을 입은 자들에게는 모든 것이 合力하여 善을 이루느니라(롬 8:28)

규장은 문서를 통해 복음전파와 신앙교육에 주력하는 국제적 출판사들의
협의체인 복음주의출판협회(E.C.P.A:Evangelical Christian Publishers
Association)의 출판정신에 동참하는 회원(Associate Member)입니다.